吉田 繁
蟹江節子

一眼デジカメ虎の巻

こっそり教えるプロのワザ

講談社+α

まえがき

今まさにデジタルカメラ全盛期だ。売り上げは倍々ゲームで伸び、新機種が続々と登場している。最近、旅先などで見回してみると、カメラは圧倒的にデジカメが多い。しかも、コンパクトデジカメよりデジタル一眼レフカメラを使っている人が増えている。

しかし、デジタル一眼はカメラの操作だけでなく、パソコンの操作やプリントのやり方など、フィルム一眼では必要なかったノウハウが要求される。

本書は、私が長年デジタル写真教室で講師をしていて、これまでアマチュアの方から受けてきた質問を共著者の蟹江さんとともにまとめ、キーワードになる言葉を見やすく説明した、いわば「デジカメ一眼事典」だ。全体を通して読んでもいいが、困ったときにそこだけ見てもわかるように意識してまとめている。知りたい箇所から問題を解決し、どんどん腕を上げていってほしい。

吉田（よしだ）　繁（しげる）

◉目次

第二章 風景編

第三章　花編

第四章　動物編

第五章　乗り物編

第六章　日常編

第七章　トラブル編

第八章　達人編

第九章　デジタル編

コラム　プロからひとこと

第一章　人物編

Q1 縦位置と横位置、どちらで撮影すればいいですか？

A いざ人物を撮影しようとするとき、「はて、カメラは縦位置で構えたらいいものか、横位置にしたほうがいいんだろうか」と悩んでしまう人もいるかと思う。

縦位置で撮るか横位置で撮るかは、背景がどういう感じのものかにも関わってくる問題である。しかし、背景も含めた話になると、少し複雑になってしまって縦位置と横位置の写真の特徴がわかりにくくなる。まずは背景の状況を脇に置いて、人物のフレーミングだけの話で説明してみることにしよう。

縦位置での撮影は写真の**奥行きを表現**するのに向いている。一方、**横位置**での撮影は画面の**安定感を表現**するのに向いている。

左ページの作例を見ても、連なっているポールを背景に縦位置で撮影した写真は、印象として奥に伸びる感じがして、奥行き感が出ている。横位置で撮影したほうは、画面が安定して収まりのいいものになっているのがわかるだろう。例えば、富士山の写真には圧倒的に横位置のものが多い。その理由は、富士山の安定感のあるラインを美しいと感じる人が多いからだろう。

撮影時に縦位置か横位置か迷ったときは、奥行き感を出したいのか、安定感を出したいのか、どちらにしたいのかをまず決めるといいのである。

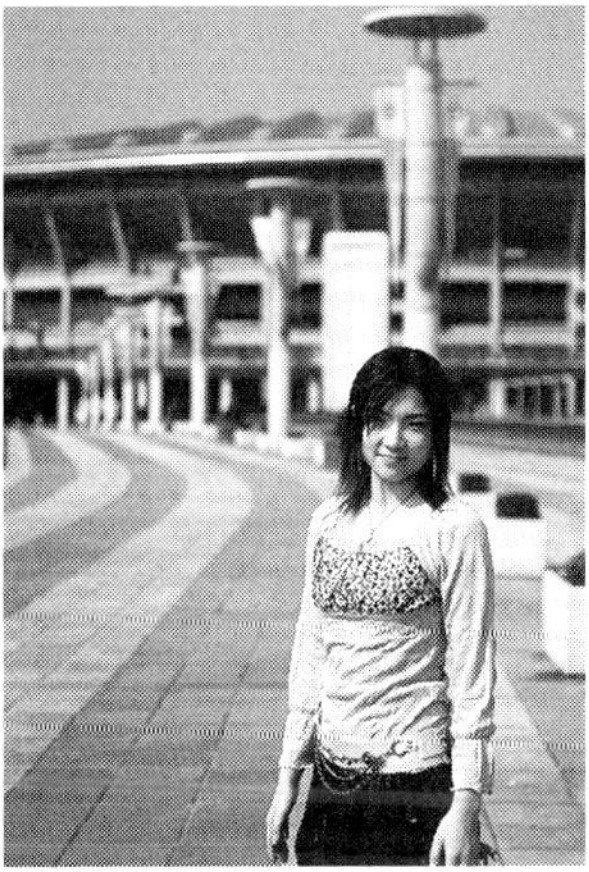

縦位置の写真だと、写真が奥へ伸びていくように見える

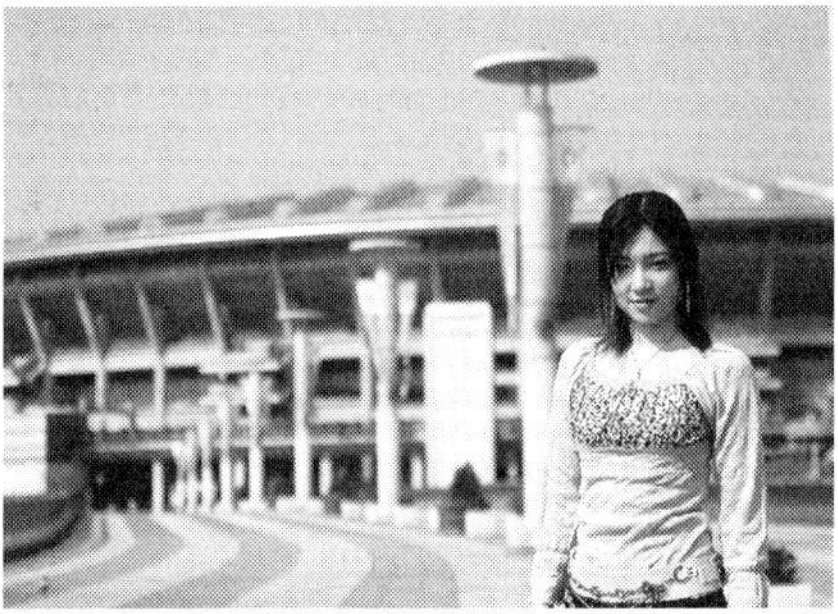

同じ状況でも横位置で撮ると、写真に安定感が増す

※どちらの作例もキヤノンEOS Kiss Digital（以下Kiss Digital）18-55㎜の55㎜で撮影

Q2 立っている人を撮る場合、カメラの高さはどれくらいにすればいいですか？

A 最初に、**上半身のカット**を撮影する場合を説明しよう。

カメラの高さは、**あごから目線ぐらいの高さ**にあるのが基本だ。

これ以上カメラが高い位置にあると、頭でっかちの写真になってしまって、ちょっとかっこ悪い。また逆に、腰ぐらいの高さから見上げるように撮影しても、ウエストが太くなり、あごが目立ってくる。これはカメラのレンズは、近くにあるものを大きく、遠くのものは小さく写す作用があるからだ。

実物どおりに素直に撮影する場合には、「あごから目線の高さ」という基本に忠実に、上半身の場合には顔を主役に撮影するという意識で撮るといい。

次に、全身を撮影する場合だが、上半身の場合と少し事情が違ってくる。

鼻とほぼ同じ高さにカメラがあると、頭が大きく足は短く写って、被写体となる人物の機嫌を損ねてしまうかもしれない。頭の大きさは全身の約1／6でかなり上部に位置している。この高さにカメラを持ってきてしまうと、当然、カメラもかなり高い位置にくることになるからだ。

全身を撮る場合はおへそから胸ぐらいの高さにカメラを持ってくるのが、目安としてはベストだ。立っている人を撮る場合には、全身が主役だからその中心となる位置にカメラを構える。上半身の場合と同様に、カメラは主役として撮るものの中心あたりの高さにすると覚えておけば間違いない。

イスに座っている人の全身を撮る場合は、胸がだいたいセンターにくる。したがって、カメラの高さは胸から肩ぐらいが基本。これより低いと足が目立つし、高ければやはり頭でっかちになる。

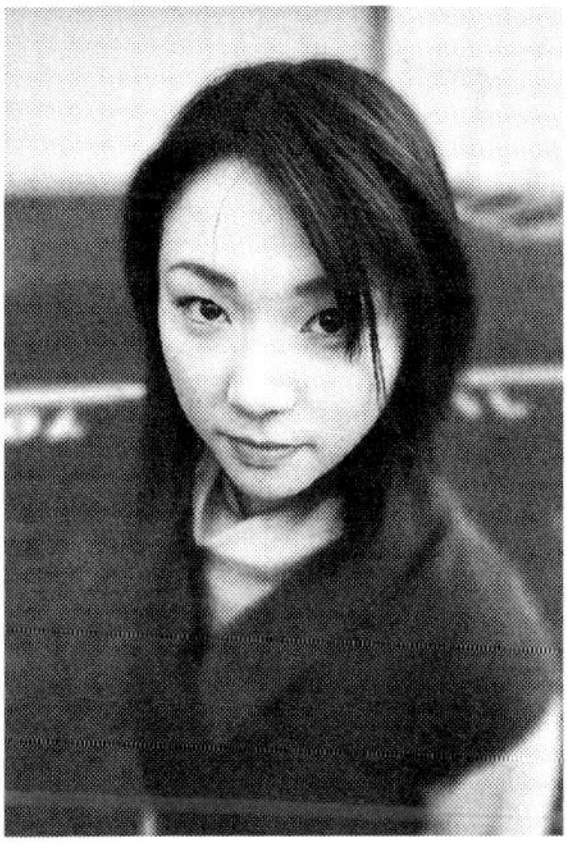

頭の上から見下ろす形で撮影すると頭でっかちで不自然

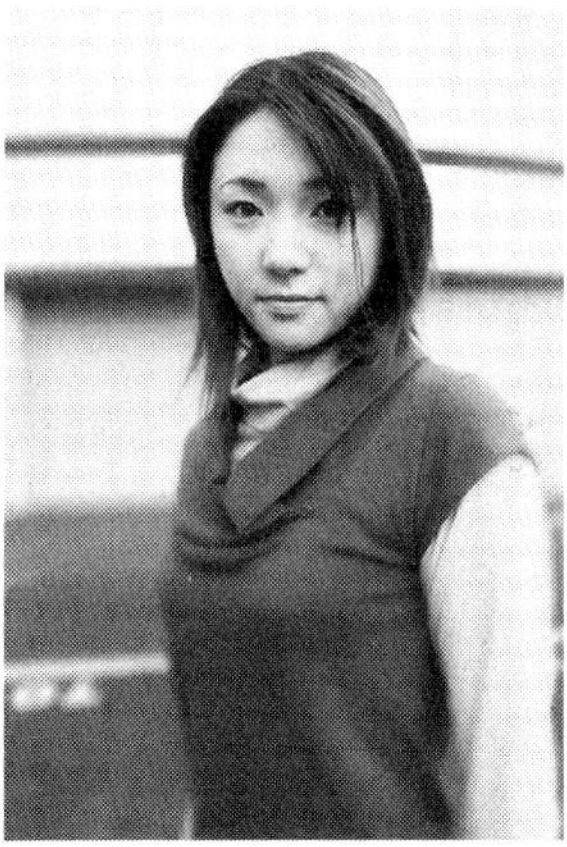

口元あたりの高さで撮影。自然な感じで顔もよくわかる

Q3 カメラのズームレンズは、どのあたりに設定すればいいですか？

A 3倍程度のズーム比のズームレンズがついていると、そのズームレンズのどのあたりに設定すべきかを、写したい人物の大きさだけで安易に決めてしまっている人が多く見受けられる。しかし、ズームレンズの広角側を使うか望遠側を使うかによって、でき上がった写真にはずいぶんと差が出てくる。

具体的に言うと、**被写体の見え方や、背景の写る範囲、背景のボケ具合の違いだ。**

その原因は、広角と望遠の画角（レンズを中心にした撮影できる角度）の違いによって起こる。そこで、その写り方の違いを広角レンズと望遠レンズで比べてみることにしよう。

広角レンズは画角が広いので、狭い室内などで人物を撮影しても、背景となる室内すべてを写しながら撮影できる。屋外の撮影などで、**大きな建物全体を背景**にして人物を撮影することも可能だ。しかも、このようなときに広角レンズを使うと、**背景にまでピント**がピシッと合う。

望遠レンズのほうは画角が狭いので、狭い室内などで人物を撮影すると、顔のアップしか写らない。背景の写る範囲が狭いため、大きな建物をバックにした場合にはその**建物の一部**

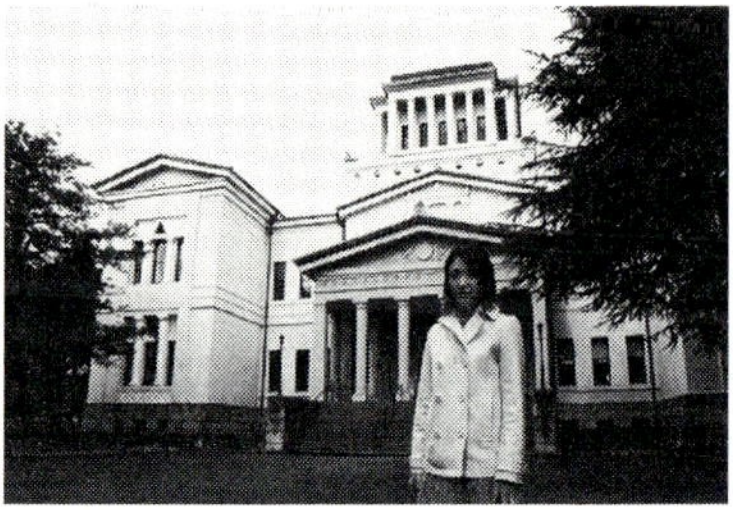

ズームレンズの広角側最大18mmで撮影。背景の大きな建物のほぼ全景が撮れた

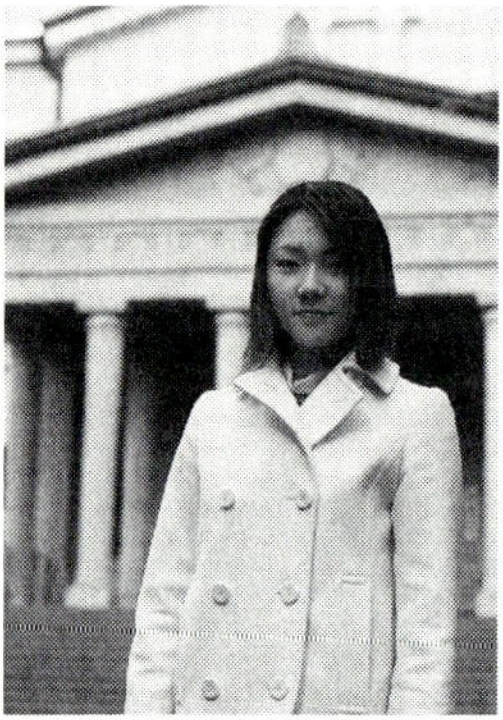

望遠側最大55mmで撮影。背景の写る範囲やボケ具合が全然違う

※どちらもKiss Digitalの標準ズームレンズEF18-55mmで撮影

しか写らないのである。なおかつ、背景にピントはこない。**背景をボケさせて、**人物を象徴的に写すのに向いている。

また、広角レンズの特徴は**パースペクティブ**。手前のものが極端に大きく、遠くのものが極端に小さく写るのが特徴で、高い建物などを撮影すると、上のほうが極端に細くなり、歪（ゆが）んでいるように写る。

望遠レンズではパースペクティブはつかない。

慣れないうちは、撮影する前に、ズームレンズの設定を動かしながら、広角側と望遠側の効果の違いを見比べてみるといいだろう。被写体の見え方や背景の写り方など、自分の好みの**画角を選んでから撮る**ようにすれば、それまでと写真の出来が俄然（がぜん）違ってくる。

Q4 雑誌のモデル写真のように背景をボカして撮影したいんですが……。

A 雑誌のグラビアなどでモデルを写した写真をポートレートというが、グラビアページのなかにはかならずといっていいほど背景をボカしたポートレートがある。それはモデルを浮き上がらせて、より象徴的にして美しく見せたいためだ。

背景をボカしたポートレートを撮るには**3つのポイント**がある。

1つ目は、レンズはなるべく**望遠レンズ**を使う。ズームレンズがついているカメラを使っている場合はレンズを望遠側に設定する。望遠最大値に近いほど背景はボケやすい。もし、望遠レンズを使うなら、長い焦点距離であるほど背景はボケてくる。

2つ目は、**絞りを開放**（F値を最小）にする。絞りは、絞れば絞るほど背景にピントが合ってくる。ピントが合う範囲を被写界深度（ひしゃかいしんど）というが、絞るほど被写界深度は深くなり、ピントが合う範囲が広くなり、背景もはっきりしてくる。逆に、絞りを開けて開放に近づけるほど、被写界深度は浅くなり、背景はボケるようになる。

3つ目は、被写体となる**人物と背景との距離**をとることだ。背景との距離があればあるほど、背景はボケて、人物が浮き立ってくる。

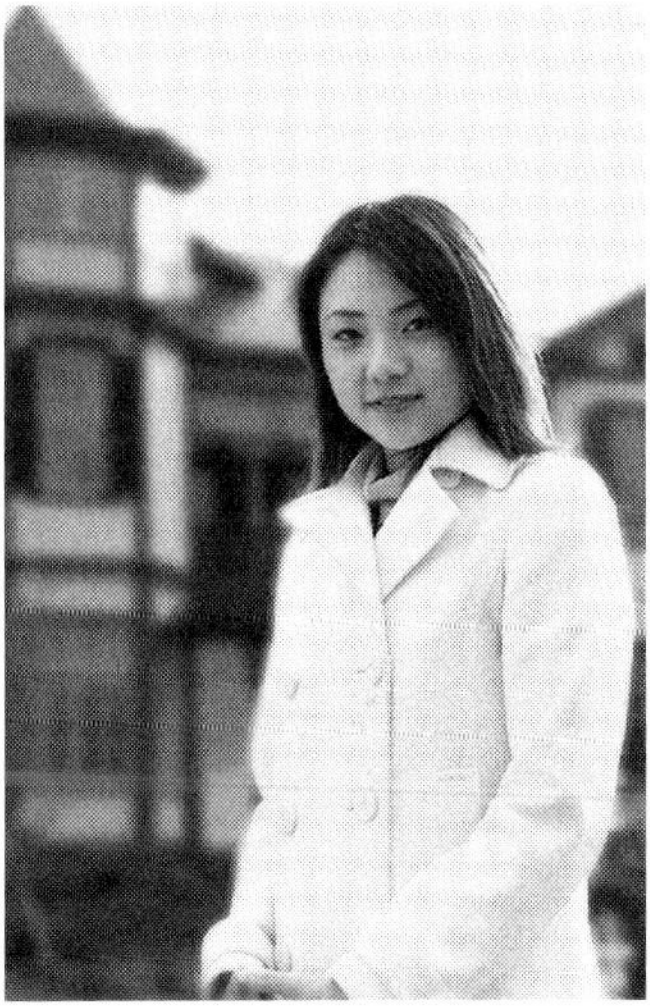

開放絞りで撮影。人物から背景までの距離もあるので背景がボケた

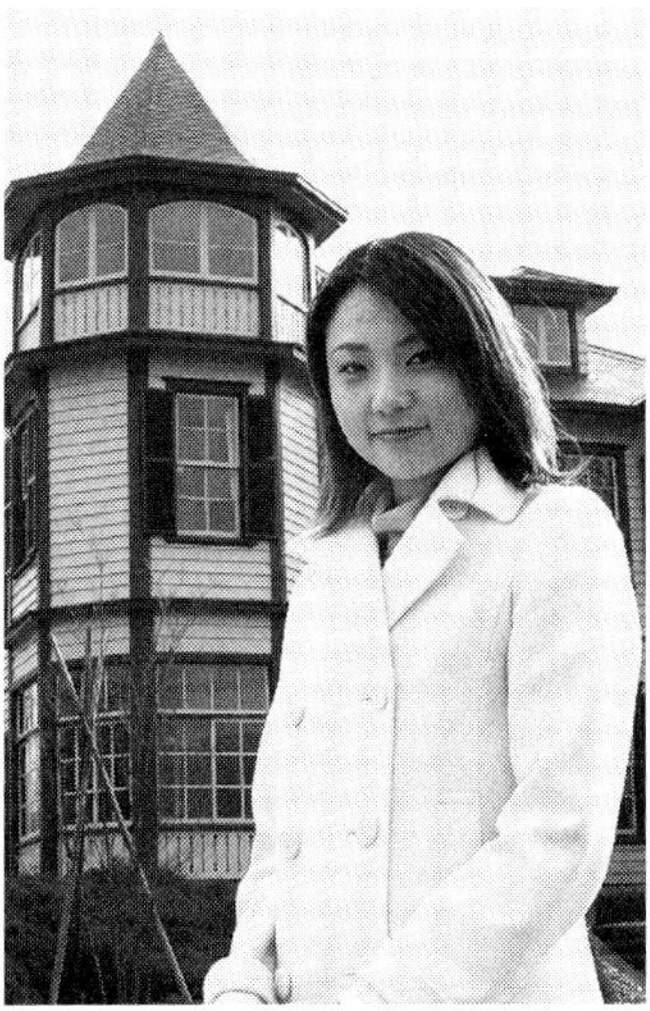

絞り優先モードでレンズをF16まで絞って撮影。背景にもピントがきている

Q5 想像した写真と、撮れた写真に差があるんですが……。

A 人間の目は2つあって、この2つの目が離れてついているおかげで被写体との距離がわかるようになっている。ものが立体的に見えるのも2つの目で見ているからだ。

しかし、カメラのほうは一眼レフというように目は1つしかない。そのため当然のことだが、目が2つあるときのように立体的には見えない。

目で見ているときは被写体が浮き上がって、いきいきとして見えていたのに、実際に撮影してみると平面的な写真になるのは、カメラには1つの目しかないことが最大の原因だ。

自分の目で見て撮れるだろうと想像した写真と実際に撮れた写真の違いを埋めるには、まず、撮影前に**片目で被写体を見る**ことだ。1つの目だけにしてカメラと同じ状況にするのである。両目で見て「このアングルがいいなあ」と思って撮影しても、撮影した画像が立体的に見えず、がっかりしてしまうことが多々ある人はこれをかならず実践してみよう。そうやって、片目の状態で立体的に見えるアングルを探すと、自分の想像したのと同じ写真が撮れるようになる。

ほかにも、テクニックで立体的に見えるように撮ることはできるので、これも覚えておく

ウラワザ 6

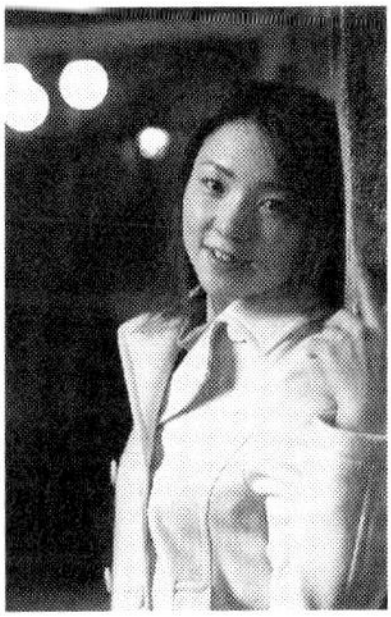

望遠系のレンズを使って背景をボケさせる

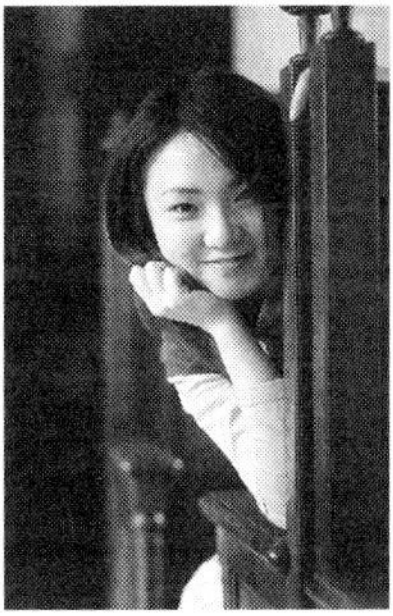

人物は明るく背景は暗くして、明暗差で奥行きを出した

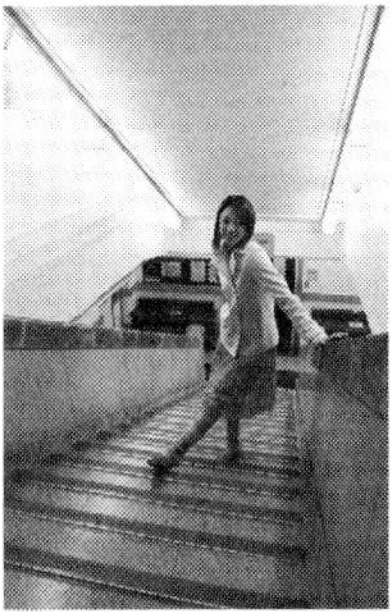

広角レンズのパースペクティブが奥行きを感じさせる

といい。立体的に写すには、次の**4つの方法**がある。

1つ目はピントを利用する。被写体にピントが合っていて、背景がボケていれば立体的に見える。ピントの合っているところと合っていないところとの差で、立体感が演出できるというわけだ。

2つ目は明暗差を利用する。被写体の立っているところが明るく、背景が暗ければ立体的に見える。例えば、窓の近くに人物を立たせ、背景の壁面を黒い壁にすれば人物は立体的に見えてくる。

3つ目はパースペクティブを利用する。手前が大きく写り、背景が極端に小さくなっていれば、それだけでかなり立体的に見える。

4つ目は色を利用する。服装を赤っぽい暖色系にして、背景をブルーを基調とした寒色系にするなど、人物と背景の色調の差によって、立体的にできる。

Q6 広角レンズで人物を撮影してもいいんですか？

A もちろん、人物撮影に広角レンズを使ってもいい。

ただし、広角レンズは画角が広いということ以外に、表現される写真にはそれなりの特徴が出る。言い方を換えれば、癖がある。

代表的なのが**パースペクティブ**だ。

手前のものが極端に大きく、遠くのものが極端に小さくなるため、被写体が歪んで表現される。現実に忠実な写真を撮りたいときにはこうした歪みはあまり好ましくないが、逆に、パースペクティブを利用した表現が可能になる。

一例をあげると、35ミリ（35ミリフィルムカメラ換算）ぐらいのレンズで全身を撮影するとき、少しカメラの高さを低くすると、パースペクティブ効果によって、足を現実より長く見せることができる。

ほかにも、作例写真のように、背景となる高層ビルをより尖鋭的に表現できる。

また、同じ絞り値であれば、広角レンズのほうが、望遠レンズよりもピントの合う範囲がかなり広い。自然のシーンで**背景まですべてピント**がきているような写真が撮りたいようなときも、迷わず広角レンズを使うべきだろう。

カメラのピントが合う範囲は、絞りを絞れば絞るほど広くなり、絞りを開ければ開けるほど狭くなる。しかし、絞りを開放にしても、広角レンズを使用している場合には、背景にもそこそこピントがくる。ボケ足も独特で、背景の景色の芯が残りながらボケてくる。

わかりやすく言うと、ボケてはいても何があるのか確認できるようなボケ方で、望遠レンズのような何が写っているのかわからないボケ方にはならない。

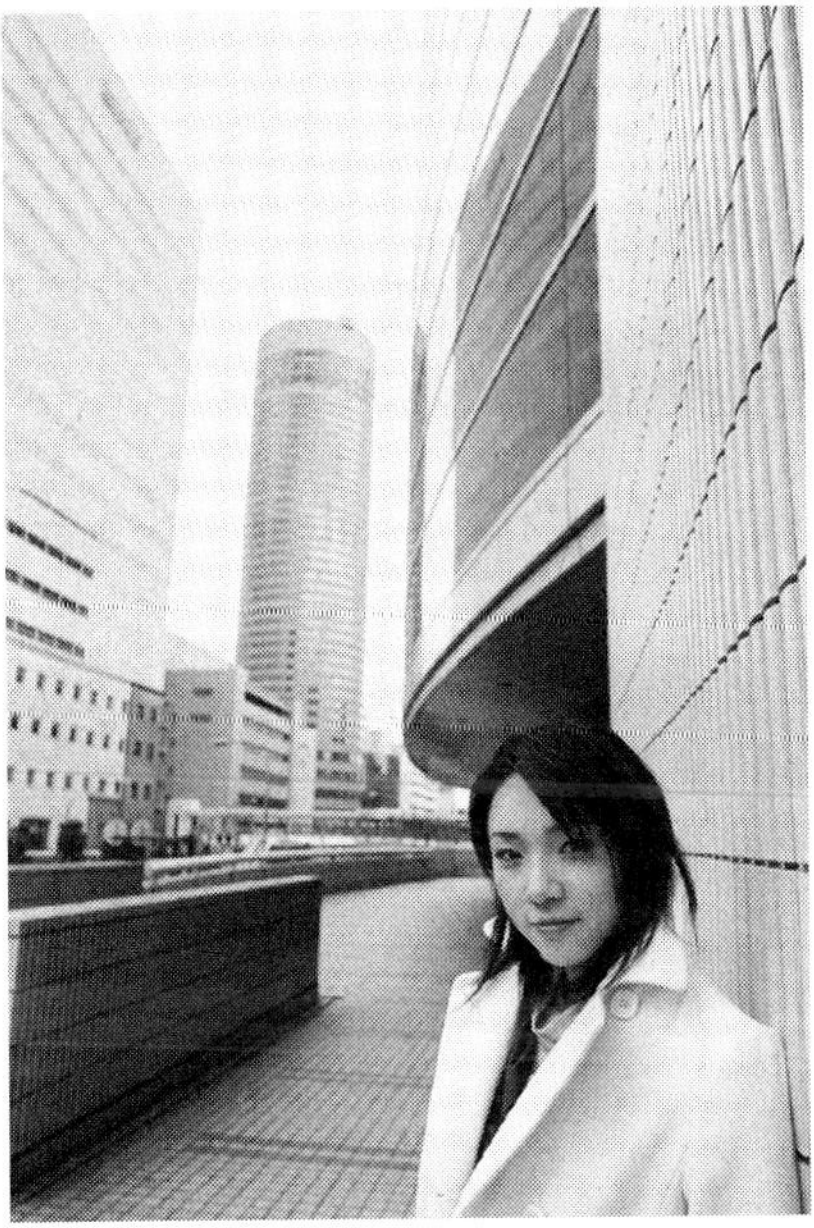

広角レンズの持つパースペクティブ効果を利用してビル群を背景に撮影。尖鋭性が強調された面白い背景になった

こうした広角レンズ特有の性質を活かして、表現法に加えていくことで、撮影のバリエーションを広げていけば、デジカメライフがより面白くなってくるに違いない。

Q7 レフ板を使うときれいに撮れるのですか？

A 人物撮影ではレフ板はとても有効な撮影道具だ。

晴れていて直射日光が顔に当たっているような状況で撮影すると、鼻の下やあごの下、首などに黒い影が強く出る。このようなとき、レフ板でシャドウ部を起こして（明るくして）やると、全体に光が回ったきれいな写真に撮れる。

つまり、**レフ板は影になっているところを明るくする**役割を持っているのである。

慣れないうちは、レフ板が必要かどうかは判断がつきにくいが、撮影してみると、顔に出た影は目で見ていたとき以上に濃くなっている。また、このような影は背景を入れながら全身を写す場合よりも、ほとんど背景を入れずにアップで写す場合のほうが気になるものだ。

直射日光の当たっているところで**アップ**で撮る場合は、とくにレフ板を使うことをおすすめする。もし、直射日光が人物に当たっていない状況でも、レフ板を使うことで、よりきれいな人物写真が撮れるようになる。

例えば、人物の後ろから光が当たっているような**逆光**の場合がそうだ。

このような場合でもレフ板で顔を明るくしてやれば、逆光で顔が黒く落ちてしまうのが救

レフ板の使い方

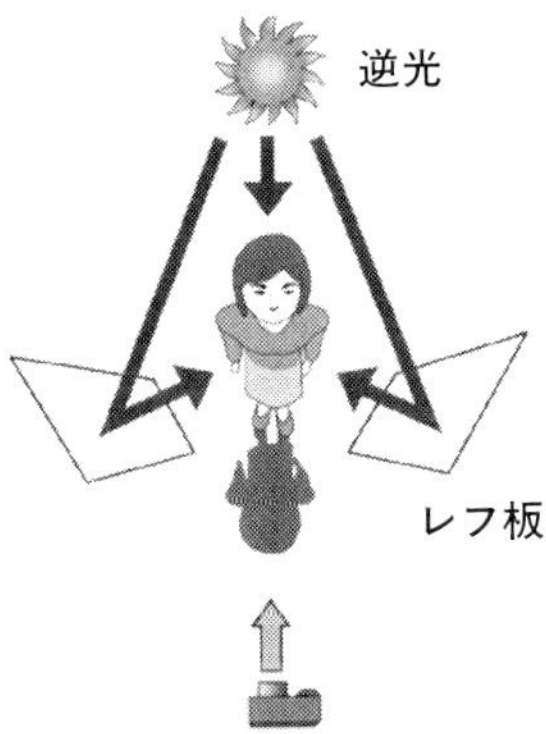

逆光のときは2枚のレフ板を使うほうが影が出にくい

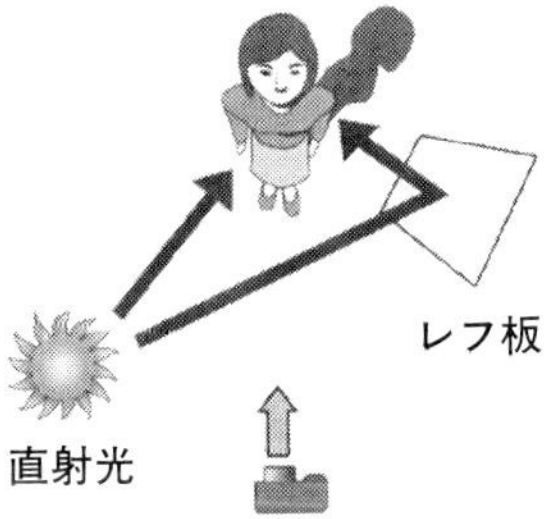

直射光だと顔に強い影が出るがレフ板を使えば消える

える。その際、状況にもよるが、レフ板を1枚だけ使って顔を明るくしようとすると、鼻の横などに影が出てしまうことがある。このようなときは**レフ板を2枚**使用して左右2方向から顔に影が出ないように明るくするか、顔を左右どちらかに振ってもらい、影が出ないように撮影するのがコツだ。

プロカメラマンはモデルの顔に直射日光が当たるのを嫌うことが多く、意識して木陰や建物の下などにモデルを立たせる。このような場合でもレフ板でシャドウ部を起こしたり、アクセントとして顔に光が入るようにレフ板の向きを工夫している。レフ板は、人物撮影にはなくてはならない道具なのだ。

Q8 運動会で走ってくる子どもにピントが合いません。

A 一般に、カメラで動くものを撮ることはむずかしいといっていい。

その理由は、走っている人を撮影するときの一連の動作で探っていくとわかる。

まず、ファインダーをのぞいて、走っている人物を画面に入るように追いかける。次に撮りたいと思ったところでシャッターを押すが、カメラのほうはオートフォーカスのフォーカシング（ピント合わせ）を行い、ピントが合ったところでシャッターを切る。

すぐフォーカシングしてシャッターが切れたとしても、フォーカシングしている短い瞬間にも人物は移動している。また、動いているものにピントを合わせようとすると、カメラが迷ってフォーカシングに時間がかかってしまうこともある。そのため、撮れた写真は写したいと思った瞬間よりも、少し後のシーンになってしまうのだ。

デジタルカメラの場合には、さらに、電源を入れてからでないと、カメラは起動しない。また、電源をONにしてから起動するまでに多少の時間がかかる。よけいに肝心のシャッターチャンスを逃してしまいがちなのである。

しかし、逆に、前述のようなシャッターの動きを利用する**置きピン**というテクニックを使

置きピンの撮影テクニック

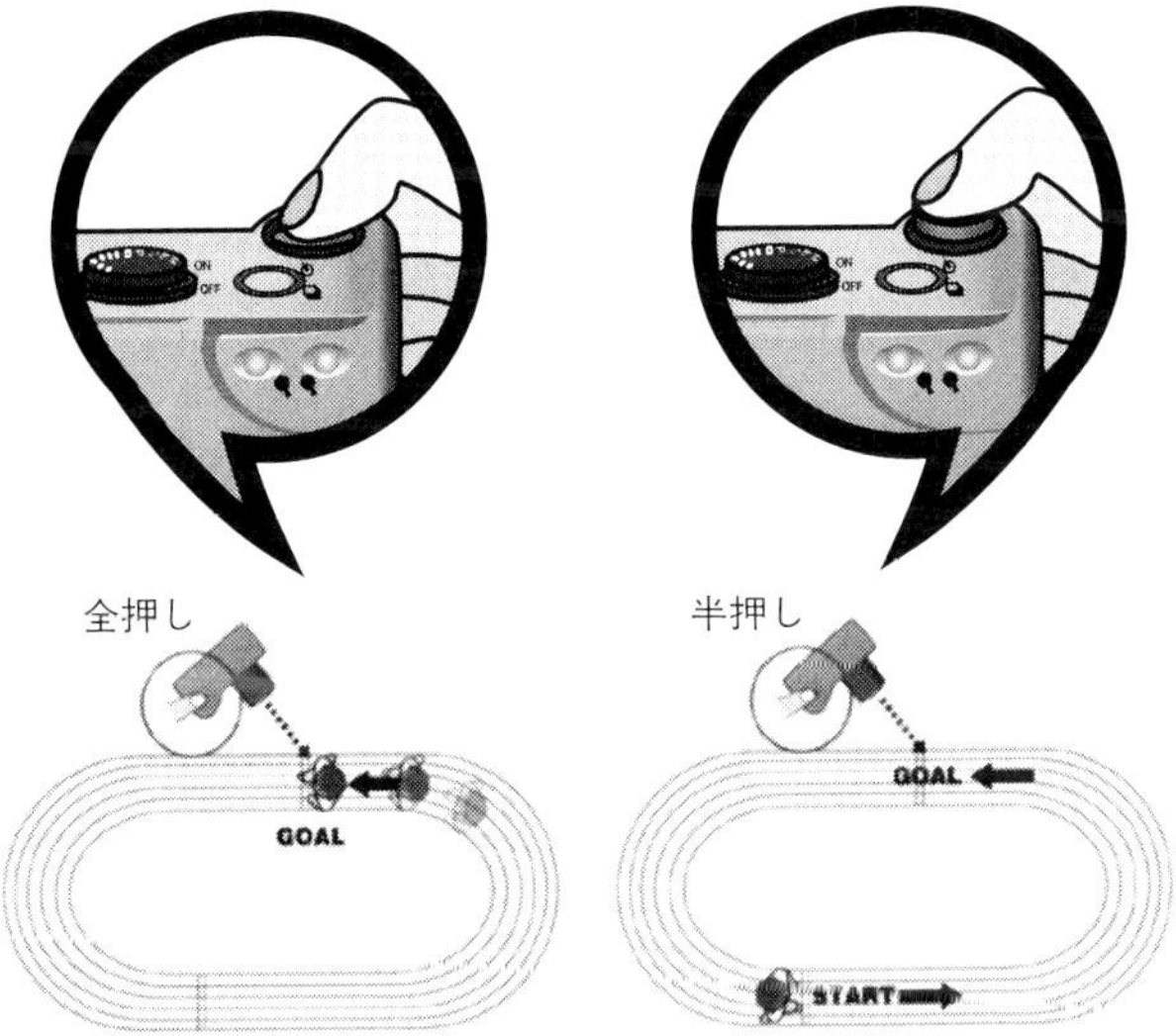

スタートしたら、シャッターを半押ししてゴール地点にピントを合わせて待つ。ゴールする瞬間に全押しする

えば、デジカメでも運動会で走ってくる子どもの決定的瞬間を捕らえることができる。

シャッターは最初の半押しで、オートフォーカスと露出の2つがセットされ、次の全押しでシャッターが切れる。子どもが**走り出したらデジカメを起動**させ、シャッターを半押ししてゴールの白線やテープなどに、**あらかじめピント**を合わせておく。その半押し状態のままで子どもが走ってくるのを待ち、**ゴールする瞬間に全押しす**れば、確実に走ってくる決定的瞬間が撮れる。

Q9 ストロボを使うと自然な感じがしないのですが……。

A 多くのデジタル一眼レフカメラにはストロボが内蔵されているが、使われているストロボはサイズが小さい。また、ついている位置もレンズにわりと近い場所だ。

発光部が小さいということは、幅が狭くて強い光が出る。つまり、点光源になるわけで、面でなく点の光は被写体に強い影をつくる。

レンズにごく近い位置にあるということは、レンズと被写体を結んだ線と、ストロボと被写体を結んだ線の角度が小さくなる。この角度が小さいと、被写体の凹凸部分にも細い影ができてしまう。

このような内蔵ストロボの性質によって、不自然な印象になるというわけだ。自然な感じで撮りたいなら、**内蔵ストロボの光は使わない**ことだ。

そのためには、まず露光量を上げて、暗さの問題を解決する。なるべくレンズの絞りは開放にして、すこしでも**速いシャッター**が切れるようにする。それでもシャッタースピードが遅く、ブレてしまう場合にはカメラの**ISO(アイエスオー)感度を上げる**。

ただし、ISO感度は上げれば上げるほどノイズが出てくる。肌の質感などがザラついて、嫌な印象になってしまうことがあるので注意したい。目安としては**ISO400ぐらいまで**が、常用では限界だ。

ほかにも、撮影現場の室内などで部分的に明るくなっているところがあれば、なるべくそうした場所に人物を連れていって撮影する。顔のアップのほうが肌のザラつき感は目立つので、少し引き気味で全体が写るように工夫するのもコツだ。

開放絞りでシャッター速度を上げる

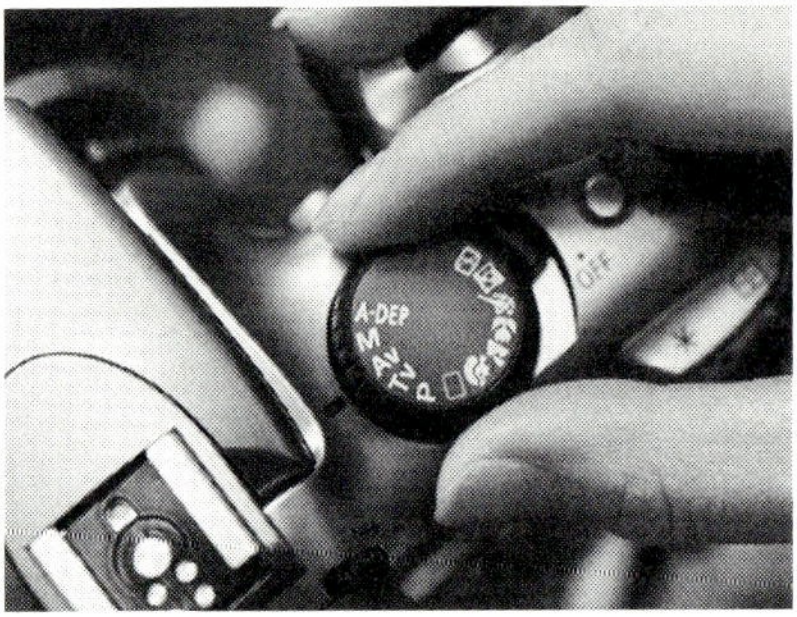

撮影モードダイヤルをAv（絞り優先）にし、開放絞りにして速いシャッターが切れるようにする

暗めでも撮れるISO感度にする

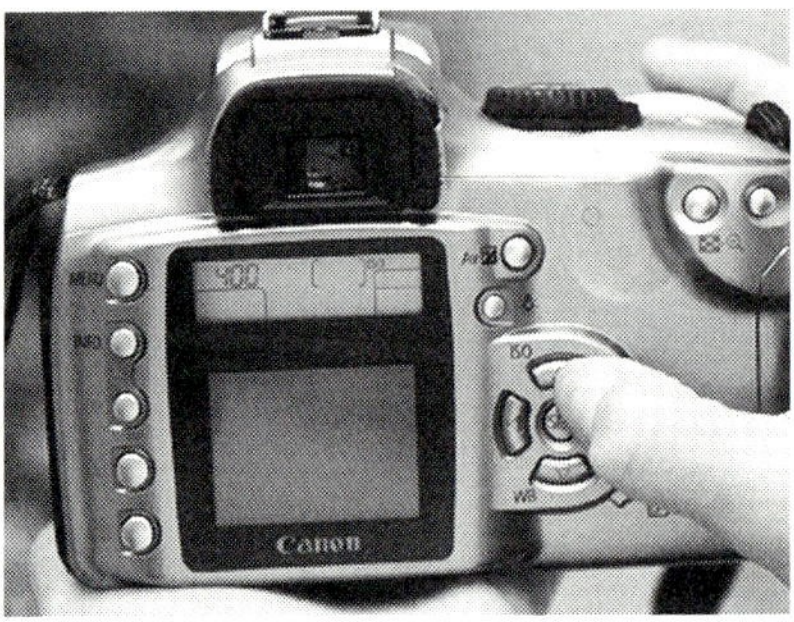

ISOボタンを押しながらダイヤルを回して設定感度を上げる。Lサイズ程度ならISO400ぐらいまでノイズは目立たない

※Av＝Aperture value（開口量）

Q10 夜景を背景に撮影したいのですが……。

A 美しい夜景を見たとき、これを背景にして撮影したいと思うことは多い。そうして、実際に撮ってみると、人物のほうばかりが明るく撮れて、せっかくの夜景のほうは目で見たときよりも暗く沈んでわからなくなってしまった、という経験も多いのではないだろうか。

ブレているわけでもなく、露出が間違っているわけでもないので、失敗写真とはいえないが、これはオート撮影モードのまま撮っているときに起こる残念な現象だ。しかし、撮影モードの設定を変えれば、実際の夜景の明るさで撮ることは十分可能だ。

デジタル一眼レフカメラには**夜景ポートレートモード**がついている。

この撮影モードにセットすると、ストロボの光量と露出が適正になるだけでなく、ここで決められた絞り値に対して、背景がある程度明るくなるようにシャッタースピードがスローになる。結果として、人物はストロボで明るく、背景は目で見たときのような明るい印象に撮れるわけだ。

ただし、この場合には注意点がある。

スローシャッターになるということは、**ブレやすくなってくる**からだ。ストロボの光は閃

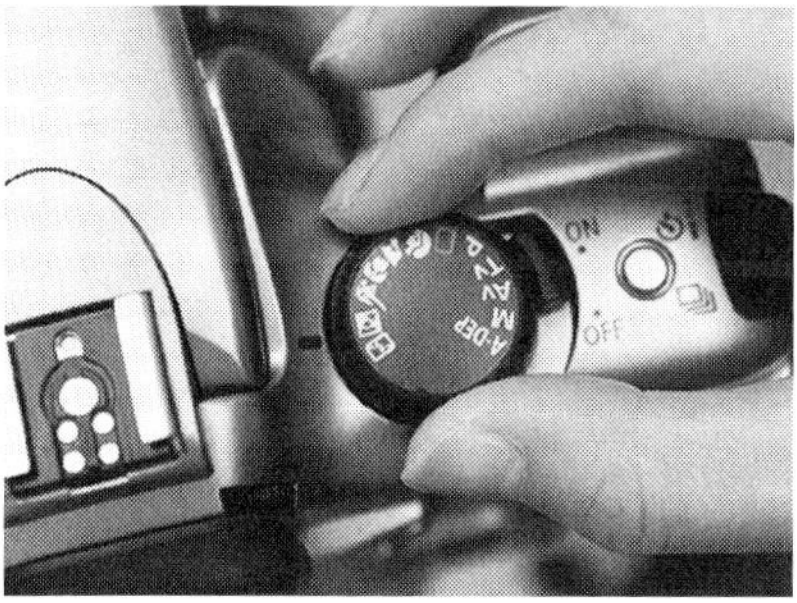

撮影モードダイヤルで夜景ポートレートモードに設定する

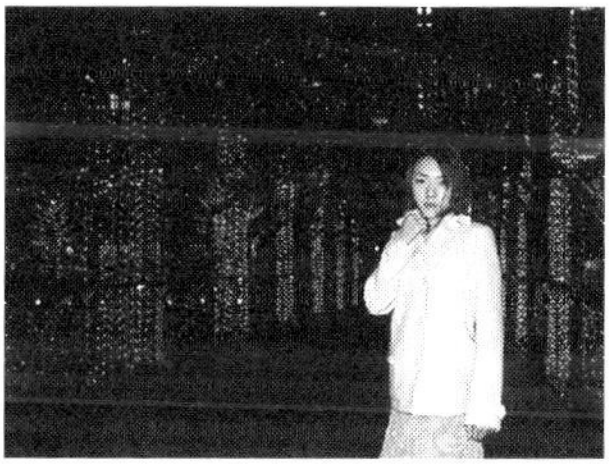

全自動撮影モードで撮影。背景が暗く落ち、現場の印象と違う

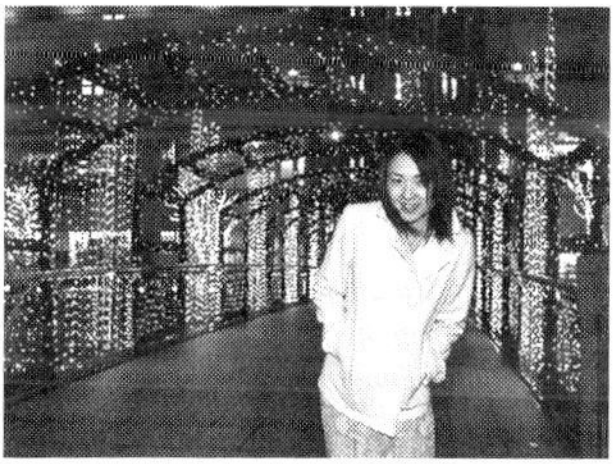

夜景ポートレートモードに変えて撮影。背景が明るくなった

光（こう）なので、この光が当たる人物はブレないが、ストロボの光が届かない背景はスローシャッターなのでブレる可能性が高い。場合によっては、背景のブレた残像が人物の顔にかかってくる。

カメラブレしないように、**柱などしっかりしたものにカメラを押しつけたり**、ISO（アイエスオー）感度を400ぐらいまで上げて**速いシャッター**が切れるように工夫しよう。ISO感度は上げれば上げるほどノイズが増えるので、拡大するサイズやプリントサイズを考慮に入れて撮ってほしい。

ウラワザ

Q11 いつも画面の真ん中に人がくる構図になるんですが……。

A 全身を撮影する場合は顔に、アップ気味に撮る場合には目にピントを合わせるのが基本だ。また、ほとんどのデジタル一眼レフカメラでは、ピントを合わせるフォーカスエリアはファインダーの中央にある。

いつも画面の真ん中に人物がくる構図になってしまう人は、ピント合わせが画面の中心にあるため、真ん中にメインとなるものを持ってきてピントを合わせ、そのままの構図で撮ってしまっているのが原因だ。

しかし、顔や目を画面中央に配置してしまうと、画面上部に無駄な空間ができて間延びした写真になってしまう。

バランスのいい構図にしたり、構図にメリハリをつけるには、画面を縦方向、横方向それぞれに**3分割**して、その交点となるところにメインとなるものを持ってくるように撮影する。こうすると、人物もいきいきとした感じになってくる。

それには、まず、メインとなる顔や目を画面の中心に置いて、**シャッターを半押ししてピントを合わせる**。その**半押し状態のまま、**バランスのいい構図になるようにカメラを動かして人物の位置を移動させ、そこでシャッターを全押しする。

これは**フォーカスロック**というテクニックだが、これを使えばさまざまな構図で撮れるようになってくるはずである。

フォーカスロックのしかた

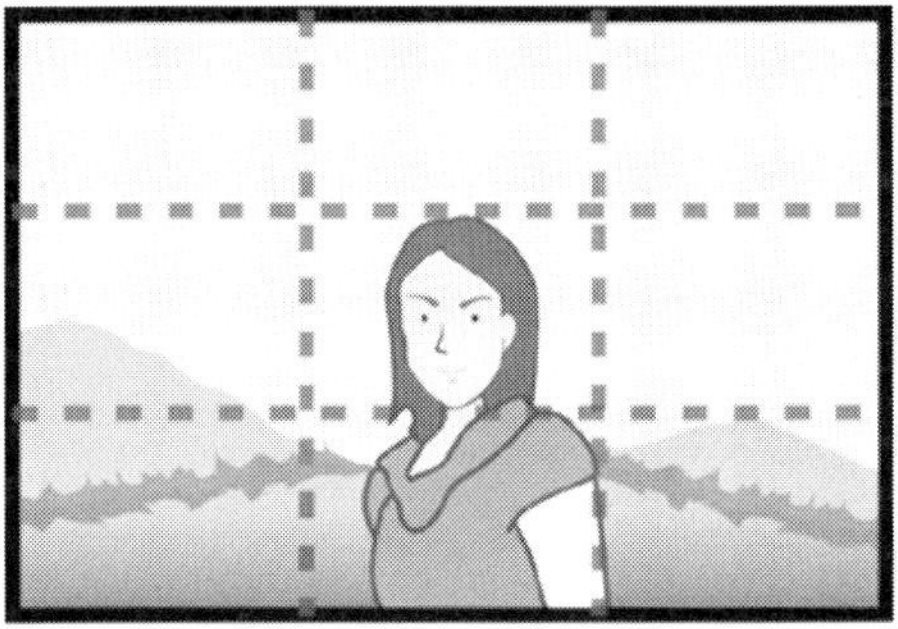

ピントを合わせたい部分を画面の中央に置き、シャッターボタンを半押ししてフォーカシング

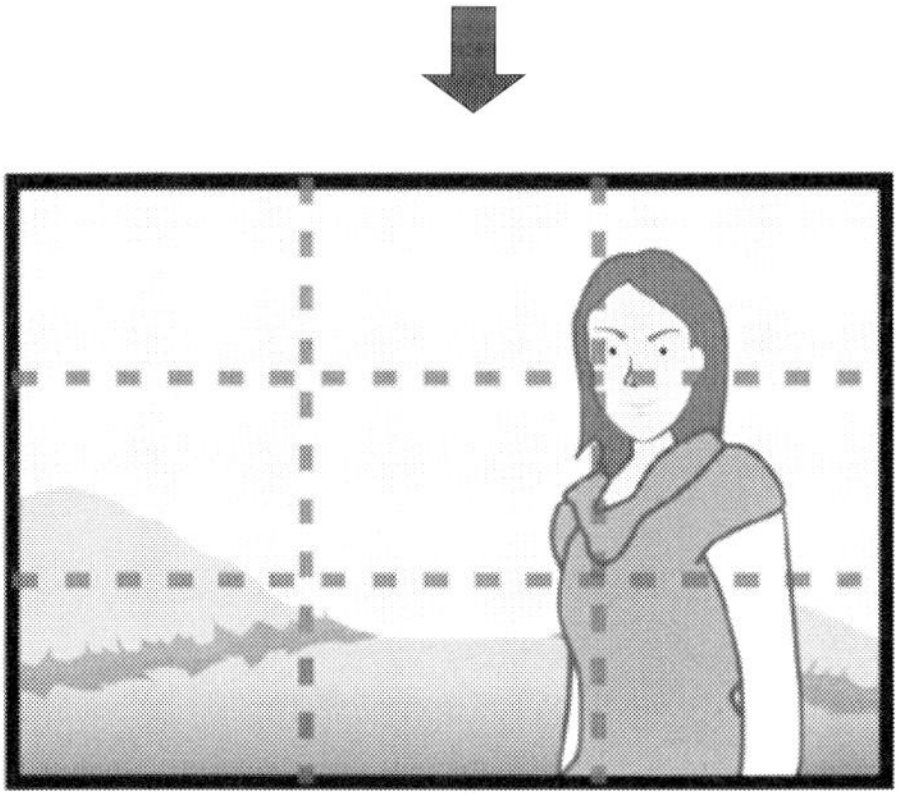

シャッター半押しでピントを合わせたまま、バランスのいい構図にしてシャッターを全押しする

Q12 証明写真を撮ることができますか？

A もちろん撮影できる。しかも、証明写真は意外と簡単に撮れるので、デジタル一眼レフカメラを持っている人には、ぜひトライしてもらいたい。

まず必要なのは**白いケント紙**。文房具店や画材店で購入できる。余裕をもってB全サイズくらいを買っておくと、撮影が楽になる。これを背景にして**自然光**で撮影する。

室内でも明るい自然光が入る窓辺があれば撮影できるが、撮影場所を確保しやすい屋外での撮影法を説明しよう。今回は道路の高架下の柱に白いケント紙を貼ったが、同じような状況の、自宅の塀や壁面でもいい。

ここでの**ポイントは光**。次ページの2つの作例写真を見比べてもらうとわかるとおり、直射日光が当たる場所では顔に強い影が出る。この状況でもレフ板を使って影になる部分を起こして（明るくして）やれば問題はないが、カメラマンがひとりで撮影する場合には手が足りない。そこで、レフ板なしでもきれいに撮れる光を選ぶことにしよう。

壁面の直射日光ギリギリのところ、直射のすぐ横に白いケント紙を貼る。そうすると、直射が当たらない部分はフラットな光になるが、人物の横まで直射日光が入っているので、顔

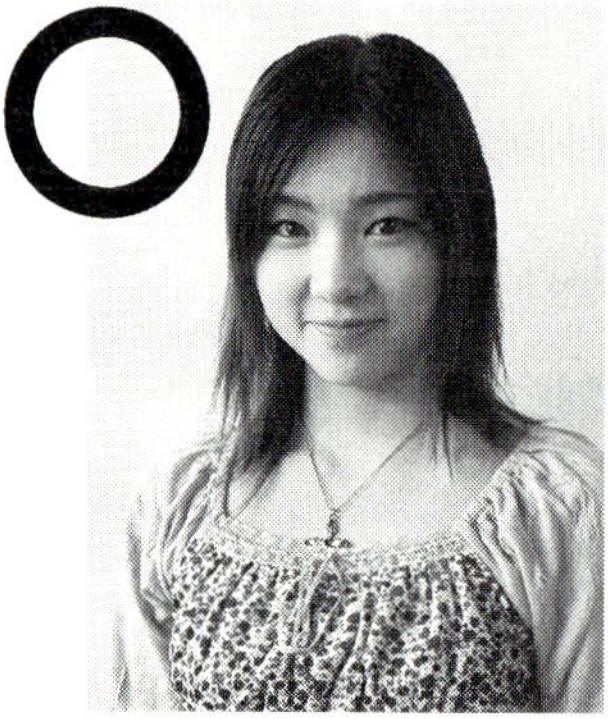

直射日光を左手前で切ると適度なコントラストになる

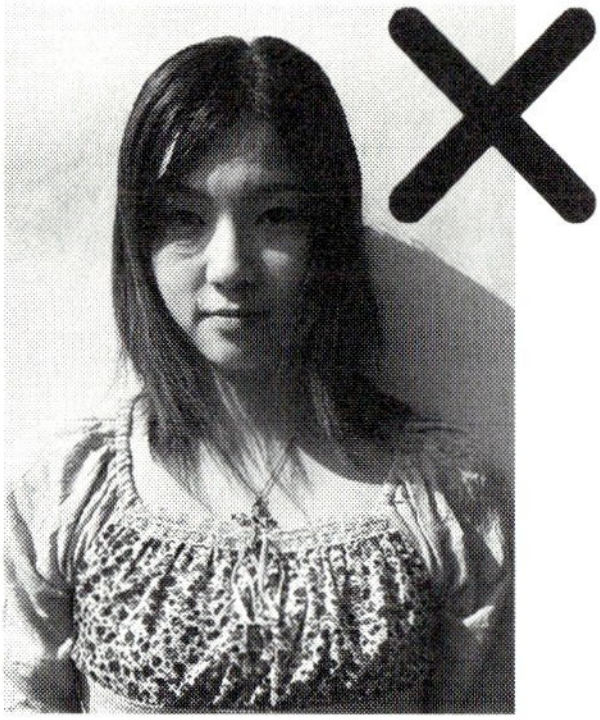

直射日光が当たっているため顔に大きな影が出ている

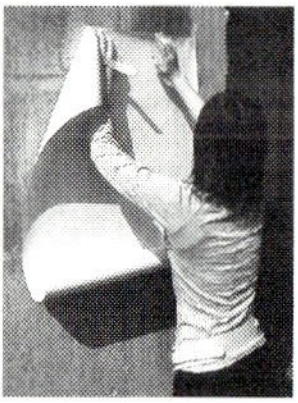

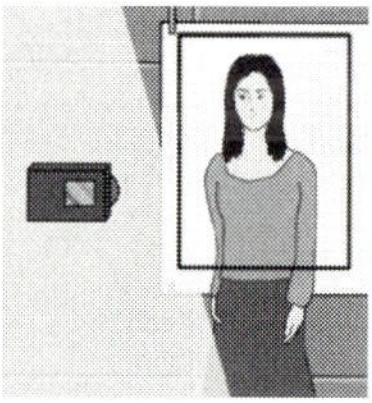

左写真のように直射日光の当たる壁面にケント紙を貼るのではなく、右のイラストのように直射が当たるギリギリのところに貼る

には適度なコントラストがついて自然なライティングになる。

このとき、標準的なズームレンズで撮影している場合には、望遠側にする。広角側で撮影すると、顔にパースペクティブがついて歪んでしまうからだ。また、**ホワイトバランス**もオートホワイトバランスより**日陰マーク**に設定したほうがいい。日陰は色温度が高く、オートで撮影していると、青さが残る場合が多いからだ。ただし、撮影場所によって差があるので、場合によっては太陽光マークにする。

市販のおすすめレフ板

レフ板は光の反射板だからと、ときどき小さなスタンドミラーを使って花を撮影している人を見かける。しかし、これでは反射光が強すぎるし、光そのものも小さくてきれいには撮れない。白い紙をレフ板代わりに使用するのは効果としては及第点だが、携帯には少しばかり不便だ。

多少高価だが、**市販品には携帯にも便利で使いやすいレフ板**がある。片面が白く、もう片面が銀色になっていて、小さく折り畳めるタイプがおすすめだ。

白い面は晴天時に向き、銀色面は太陽光の弱い曇天時などに使えるので、適用範囲が広く便利だ。レフ板はなるべく大きいほうが、面光源になって反射光を画面全体に回しやすいが、市販品の小さく折り畳めるタイプなら、そういう利点もある。

また、使っているうちに白い面が汚れて濁ってきたり、銀の面の反射が弱くなってくるが、そのほうがかえって、やわらかい光になる。**ほぼ半永久的に使える**ので、**大きめのもので小さくなるタイプ**を購入しておいたほうがいい。**人物撮影用には直径80センチくらい**のものが最適だ。

第二章　風景編

Q13 夕焼けが赤く撮れないのですが……。

A **ホワイトバランスの設定**がオートになっているのでは？　**オートホワイトバランスだと夕焼けは撮れない**のだ。では、そのわけを説明しよう。

人間の目は優秀で、電球のオレンジ色の光の下や黄緑色がかった蛍光灯の下でも、白いものは白と判断できる。これを**意識による色調補正**といって、赤いネオンの下の白い紙も白だと理解するが、実際は紙はピンク色に見えている。しかし、太陽の下で白く見える紙はやはり白く写したい。デジカメ内部でこれを自動的にやってくれるのが**オートホワイトバランス**機能だ。青っぽい光の下や暗いところでも、人物の顔色が悪くならないように撮れるのもそのためだ。

カメラは太陽光の下で撮影するように基本設計されている。しかし、太陽光、蛍光灯、電球、ストロボなど、撮影するときの光源はいろいろある。それによって色調が変わってしまうのだが、それぞれを自然光下で見たような自然な色調にするホワイトバランスの設定が**オートホワイトバランス**というわけだ。そのため、それをオートホワイトバランスにしておくと夕焼けを「全体的に赤い光源」と判断して、その赤っぽい色を白く補正してしまうのである。

光源の色調と色温度とホワイトバランス

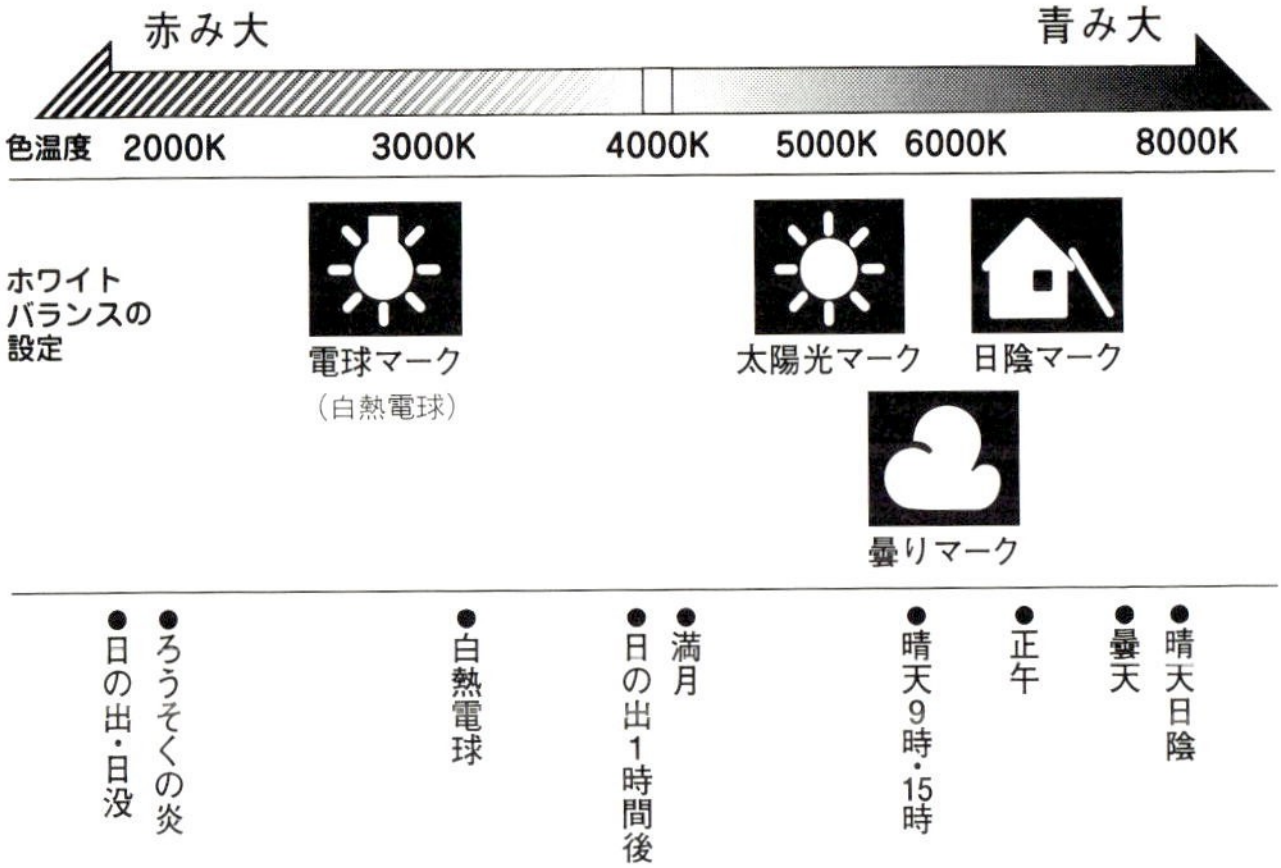

色温度が低いほど光は赤くなり、高くなるほど青くなる

さて、夕焼けを赤く撮るには、まず**ホワイトバランスの設定を太陽光マーク**に変えてみる。空の色が見たときの印象に近くなる。また、液晶モニターで確認して、**もっと赤くしたいときは日陰マーク**にしてみる。

風景写真の分野では**記憶色**や**希望色**という言葉がある。これは、人間は現実のとおりの色ではなく、こうだったらよかったと思える色を実際の色として記憶しがちだということだ。夕焼けでいうと、実際には少しだけ赤かったのに、もっと赤い夕焼けを見たと思うのである。そのため現実以上に強調された色のほうが現実に近いと思い込む。**電球マーク**で撮影すると空が実際より青く写るが、この**強調色**もほとんどの人に不快感はないと思う。

Q14 雪が白く写らないのはどうしてですか?

A 暗めに写ったのではないかと思うので、**まずはカメラの露出補正**を調整してみてほしい。

カメラの露出計の基本は、どんな濃度の被写体でも**18%の反射率のグレー**にすること。黒いものも18%のグレーに、白いものも18%のグレーにする。そのため、白い雪もグレーっぽく写ってしまうことが多いというわけだ。こういう場合は、**露出をプラス側に補正**する。

しかし、最近のデジタル一眼レフカメラは優秀で、単純にすべてのものをグレーにするわけではない。このあたりはメーカーによっても機種によっても違うが、いろいろな被写体を想定し内部的に演算を行って、露出の補正をそれぞれにやっている。

キヤノンのKiss Digitalで画面全体に雪を撮影してみたが、実際には18%の反射率のグレーになるのではなく、そこそこ白い雪が撮れた。これは、あらかじめ雪などの撮影を想定し、カメラ側で画面のある程度以上の面積がまっ白なときは、それに合わせた露出になるように設定されているからだ。ところが、同じ雪を撮る場合でも、雪だけでなく画面の半分程度に黒い建物が入ると、カメラ側は雪と建物とのバランスのなかで露出を決定する。一概にはいえないが、キヤノン製のデジカメの場合、明るい雪の影響で少し露出がアンダーにな

カメラ内蔵の露出計のしくみ

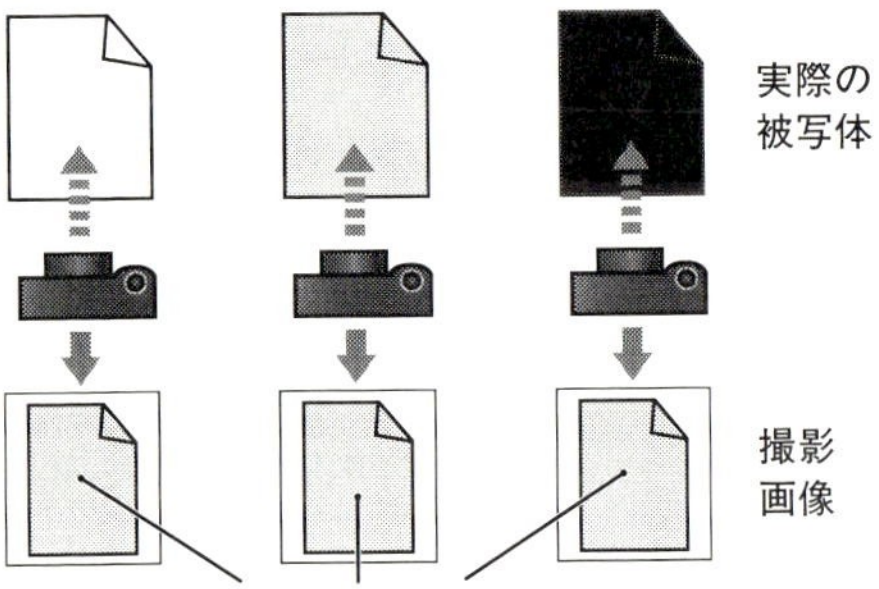

カメラ内蔵の露出計は、すべての被写体から反射してくる光を平均化すると18%の反射率のグレーになるという考え方に基づいて設計されている

露出補正によるヒストグラムの変化（右がハイライト側）

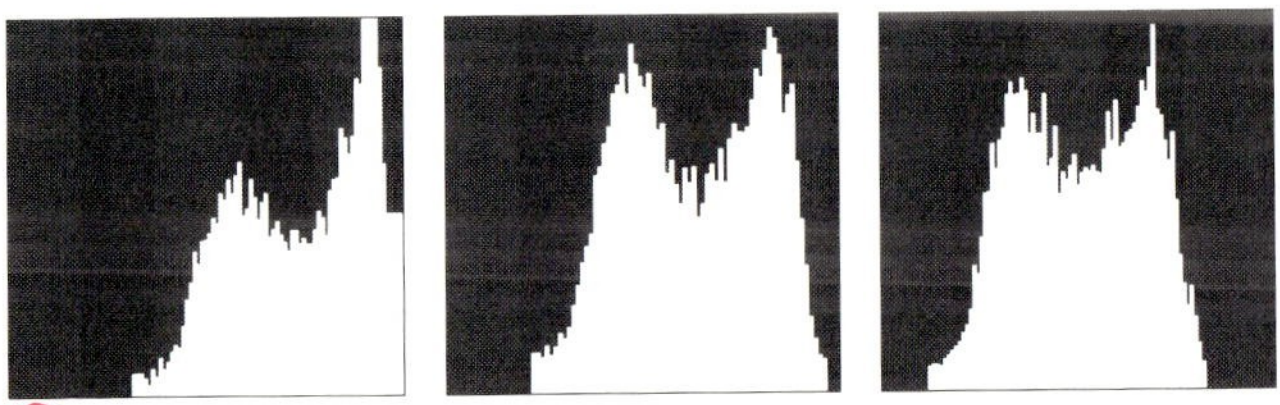

A　露出オーバー。ハイライト側（右）が飛び出してデータがなくなっている

B　ハイライト側の濃度が残るようにプラス補正し、白い雪になった適正露出

C　ハイライト側がかなりグレーのところまできているので露出アンダー

り、建物も少しアンダーになることが多いようだ。

こういう場合、露出は撮影後のモニターで**写真とヒストグラムを確認**して決める。雪の部分はハイライト側なので、ヒストグラムの右側のデータがなくなっていれば**露出オーバー**。**露出をマイナス補正**しなくてはならない。逆に、ヒストグラムの左側のデータがなくなっているときは**アンダー露出**。**プラス側に補正**する。

Q15 情感あふれる雪景色を撮るにはどうしたらいいですか？

A ただ撮っただけ、という感じで、表情豊かな写真にならないのは、おそらく雪だけを撮影しているからである。雪景色は画面のほとんどの部分が白い雪になることが多く、明るいハイライト側のギリギリの濃度のところでの陰影の表現になる。狭い範囲での表現になるため、それだけでは立体感が感じられないのだ。

情感のある雪景色を撮影する**ポイントは**影だ。

雪自体によってできる影でもいいし、周りにある木々のものでもいい。これらによってつくられる影の部分を画面に取り込む。影になっていないまでも、**濃淡がつくような画面構成**にすると、雪だけでは平面的だった写真もぐっと立体的になってくる。雪景色を撮影するときはかならず、**濃淡ができる被写体や角度**を探してみよう。

ウラワザ ちょっとプロっぽく撮りたいときは、さらに**ホワイトバランスを利用**する。マニュアルでホワイトバランスをとる（↓100ページ）のだが、白い紙の代わりに雪を撮ることで、雪は確かに白くなる。

しかし、41ページで触れたように、人には**記憶色**や**希望色**というものがある。これに近づ

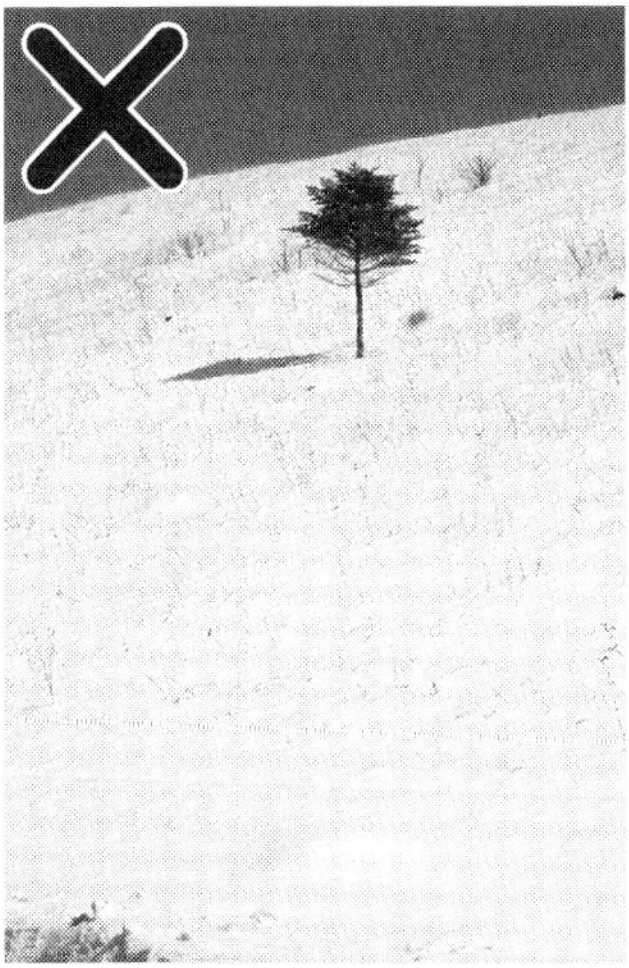

ただ、雪原を入れただけの写真だと平面的で面白くない

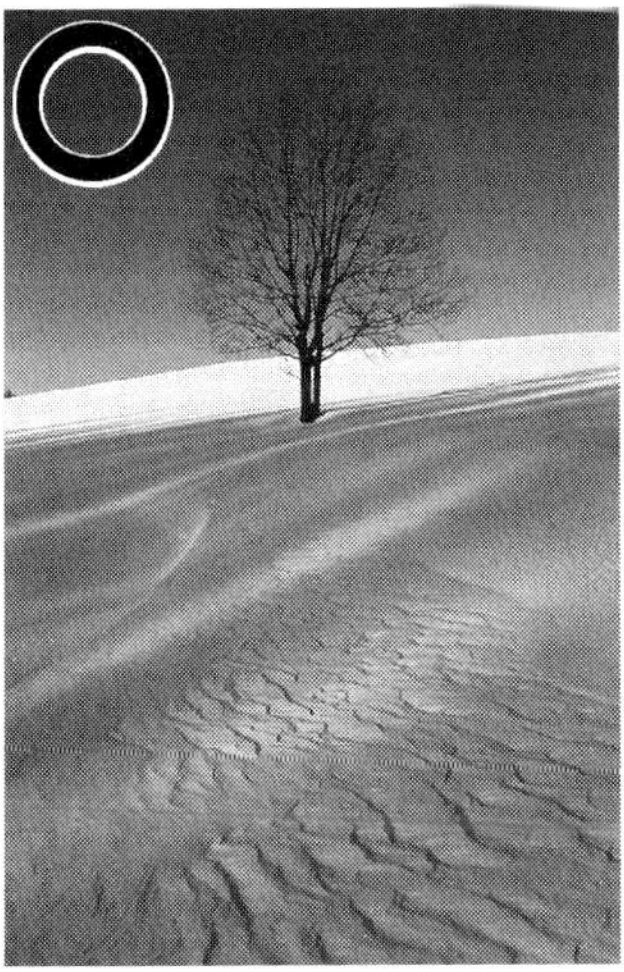

ポイントの木と画面手前の木の影、斜面の陰影で奥行きが出た

けることでより美しく、より印象深く感じられる。それにはホワイトバランスを**電球マーク**に変える。使用しているデジタル一眼レフカメラのホワイトバランスが直接色温度を指定できるタイプなら、**4000ケルビン**ぐらいを指定する。この設定にすると**写真は青くなる**。通常の撮影とは異なり、雪の撮影の場合、濃度の飛び気味のところは色が残らず、濃度があるところだけに青い色が残る。そうして、全体に青みがかった雪の印象が強調される。飛び気味のところは白く、濃度があるところは青くなるということは、濃淡だけでなく、色によっても写真が立体的になってくることになる。

Q16 夜桜を華やかに撮影したいのですが……。

A 夜桜というと、ふつう、トップリと日も暮れ、ライトアップされた夜桜をイメージするだろう。確かに、暗闇に浮かび上がるように照らされた桜はことのほか妖艶(ようえん)でもある。だが、残念だが、そんなふうに魅力的に見える夜になってからでは、写真のほうはうまく撮れない。

もし、この時間帯に普通に撮影してしまうと、目で見たよりもコントラストがつき、シャドウ部がかなり落ちて暗くなる。さらにホワイトバランスの設定をオートで撮影していると、ライトアップのタングステンライトの影響で、アンバー系の色（琥珀(こはく)色）が残り、桜の色もあまりきれいにはならない。

夜桜は夜になる前に撮るほうがいい。

夕方、陽(ひ)が傾いて、ライトアップのライトが投影されているのが判断できる程度の明るさのとき。人間の目にはまだ明るく感じられても、シャドウ部はつぶれない程度に暗くなるので、光のバランスがいい。このぐらいの時間帯が**夜桜撮影のベストタイム**だ。

また前述したように、夜桜に投影されるライトはそのほとんどがタングステンライトだ。

カメラの**ホワイトバランスの設定もタングステンマーク**に変える。これならば、ホワイトバランス機能とぴったり合う。

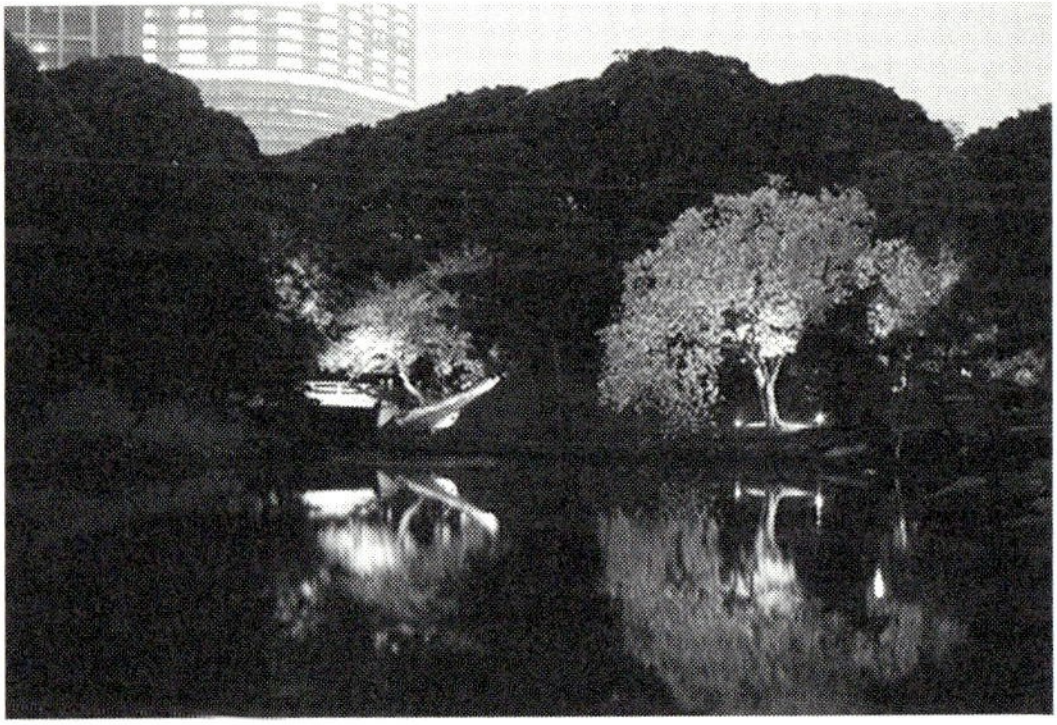

浜離宮庭園のライトアップ。暗くなる前なので周りのトーンが残っている

実際には、多少暗くなりかけたときに撮影していると、まだ、自然光の影響が残っているため青くなる。とくにライトの光が当たっていない部分は、タングステンライトの影響がないため、より青い。その結果、印象のいい夜桜の写真になるのである。

また、タングステンライトではなく、**水銀灯**のようなライトが投影されている場合は、ホワイトバランスは**蛍光灯マーク**に設定しよう。水銀灯はグリーンの成分が強いが、ホワイトバランスが蛍光灯だとこれを抑えてくれる。

このときも、ある程度自然光の明るさが残っていることが肝心だ。

Q17 曇天(どんてん)だと桜の花の色がきれいに出ないんですが……。

A 桜の花は白いものから強いピンク色のものまでいろいろある。ただ、どんな花色の桜でも、曇りの日に無意識にシャッターを切っていると濁ったような色になってしまうし、どうしてもコントラストもなく地味な桜の写真になってしまいがちだ。

だが、これらの問題は、じつはカメラの設定を調整するだけで解決するのである。

第1ステップは、**ホワイトバランスの設定**。曇天は色温度が上がっている。オートにしていると青さが少し残る。このこと自体は桜の色だけを考えると問題ないが、**曇りマーク**にしたほうが自然な色調になる。また、わざと**太陽光マーク**にすれば、花の発色が色温度の高いぶん赤が強くなるので、花をアップで撮りたいときにはおすすめだ。

第2ステップは、**コントラスト**や**彩度の設定**。多くのデジタル一眼レフカメラは、コントラストや彩度の設定がカスタムで可能だ。キヤノンのカメラの場合は**現像パラメーター設定**で、コントラストを1段階「強く」、色の濃さを1段階「濃く」に設定する。曇天のときのフラットな光でコントラストがなくなっているのを補正し、彩度が上がって桜の色をはっきりさせられる。

❻ニコンのカメラの場合には、**仕上がり設定**で「鮮やかに」を選択したり、カスタマイズの設定で階調補正を「コントラストやや強め」に、**カラー設定**を「モードⅠa」に、**彩度設定**を「強め」に設定することで同じようにコントラストがつき、彩度が上がり、鮮やかな写真にできる。

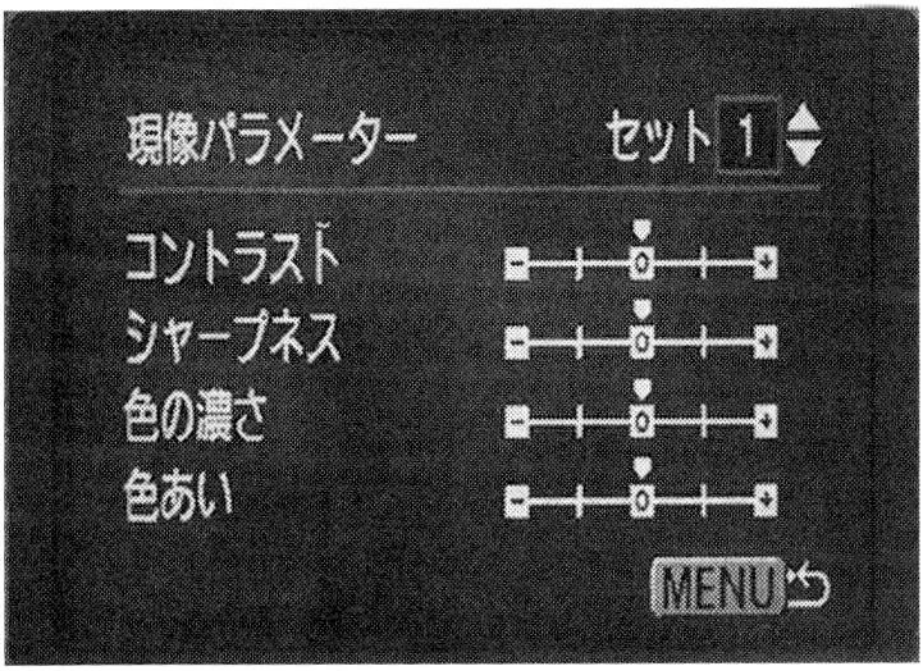

キヤノン製のデジタル一眼の現像パラメーターの設定画面。コントラスト、色の濃さのほか、シャープネス、色あいなどの設定も可能

第3ステップは、**RAW**(ロー)での撮影。RAWデータで撮影しておき、あとでパソコンで設定し直せば、より思い通りの写真にすることができる。パソコンでの現像や加工に慣れているときはこちらもやってみることをおすすめする（RAWデータの詳細については147ページを参照）。

桜でなくても、曇天時の撮影では、発色がよくコントラストもメリハリもある写真がなかなか撮りにくいものだ。細かい設定ではあるが、カメラの設定次第で写真が全く変わってくるので、第1、第2ステップまではぜひ試してみてほしい。

Q18 逆光で風情のある紅葉の写真を撮りたいのですが……。

A **逆光**だと、空バックで背景がぬけているような状況になる。この場合、**露出をプラス側に補正**しないと逆光の影響をうけてしまい、葉が暗くなる。これは紅葉に限ったことではなく、木々の葉っぱを逆光で撮影すると起こる。

では、どの程度露出を補正すればいいかだが、**露出の決定**は原則的には**撮影後に液晶モニターで確認**して判断する。といっても、液晶モニターに映った撮影画像はあくまでも目安。確認するのは画像ではなく、**ヒストグラム**のほうだ。

ヒストグラムの画面には別に**ハイライト表示**などの機能もついている。これは明るすぎて飛んでしまい、データがないところが点滅する機能。紅葉の背景である空は明るくなりすぎることがあるが、空は飛ばしてもいいし、残してもいい。好みや状況によって、このハイライト表示を参考に決めるといいだろう。

さて、ヒストグラムのほうだが、通常、このグラフは横軸の左側がシャドウ側で右側がハイライト側、縦軸方向に、その明るさでの画素数を積み上げたものをグラフ化している。撮影画像のハイライト側が飛んでなくなっているような状況では、極端に右側にデータが片寄って表示される。この場合も、ハイライト側が飛んでいるのはダメだということではない。ヒストグラムを参考に、そのままでよければそのままに。データを残しておきたいときはヒストグラムが適正露出になるように露出補正していけばいいのだ。ちなみに、一般的にはヒストグラムのデータがハイライト側からシャドウ側まで広く分布しているメリハリのある画像がいい画像で、これがデータからみた適正露出である。

いずれにせよ、露出決定の基本はヒストグラムである。ある程度は後処理の段階でパソコンで加工できるが、これはデータを劣化させる。**撮影段階で露出を決める**ことが大切だ。

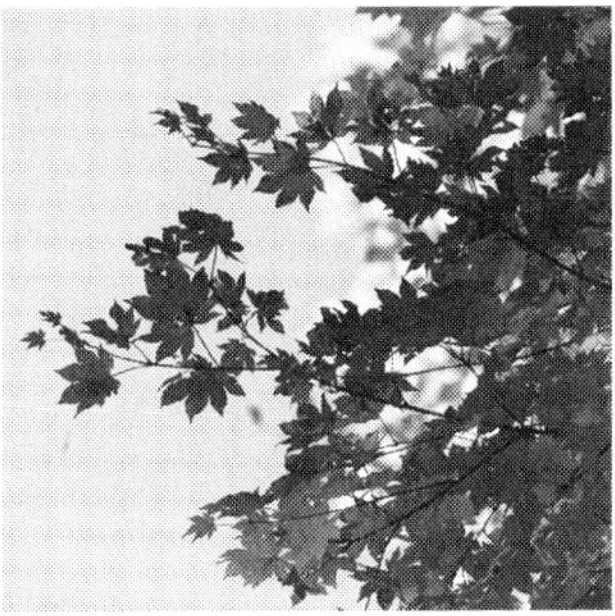

逆光の影響で紅葉の葉が暗くなってしまった

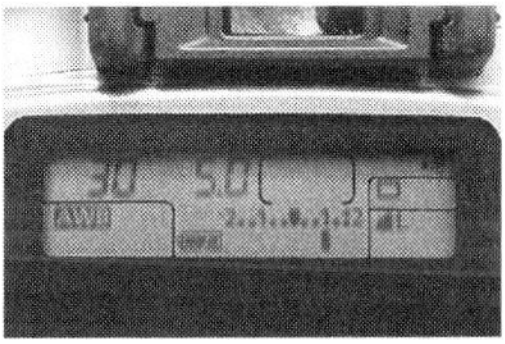

この場合は露出補正をプラス側に1絞り補正した

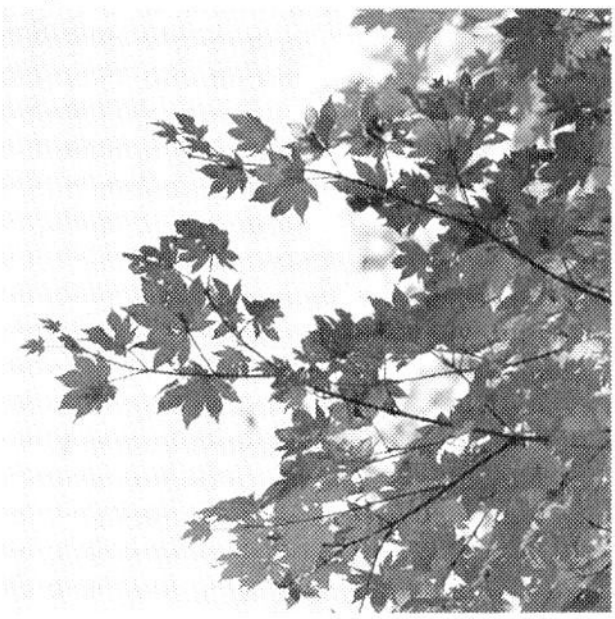

葉の濃度が適正に変わった

Q19 パノラマ撮影はどのようにすればできますか？

A パノラマ撮影は**デジタルカメラでの楽しさのひとつ**だ。あまり意識せず撮って、シンプルに合成するだけなら誰にでも簡単にできる。ただ、まじめに踏み込んで、精密につくり上げようとすると、それなりに高度なテクニックが必要になってくる。

まず、パノラマ合成をするには、**パソコン上でソフトによって合成する**ことが前提となる。ソフトとしてはPhotoshop Elements(フォトショップエレメンツ)の一機能であるPhotomerge(フォトマージュ)などは、もっともポピュラーなソフトのひとつ。最近ではPhotoshop CSにもこの機能がつくようになった。また、キヤノン製のPhotoStich(フォトステイッチ)などは同梱(どうこん)ソフトとして、デジカメを購入するとついてくるので、キヤノンユーザーには利用しやすい。

どのソフトも、画像を読み込み、写真の並びを確認し、合成開始の指示を出せばソフトのほうで勝手にやってくれる。つなぎ合わせの微調整も可能だ。**問題は、撮影の状況**とそのやり方のほうにある。状況によって画像が合成しにくいものが出てくるからだ。

遠景の山並みなどは簡単で、左から右に単純に1／3ずつ画面が重複するように撮影していけば、ソフトで合成するときも問題なく合成できる。**難しいのは近距離で広角レンズ**を使って撮影する場合だ。仮に三脚にカメラを設置して、左から右にカメラを振って撮影したとしよう。このとき、カメラの三脚ネジ穴を中心にしてカメラを回転させることになるわけだが、じつはこれではうまく画像がつながらないのである。レンズには**第2主点位置**というのがあり、ここを中心に正確に回転させないとうまくつながらないからだ。

第2主点位置はだいたい、三脚ネジ穴よりも少し前のレンズ側にある。この点と三脚ネジ穴の差は遠距離を撮影する場合にはそれほど影響ないが、近距離では大きく影響する。三脚に何かレールのようなものをかませて、カメラを少し後ろにバックさせなくてはならない。

第2主点位置の見つけ方

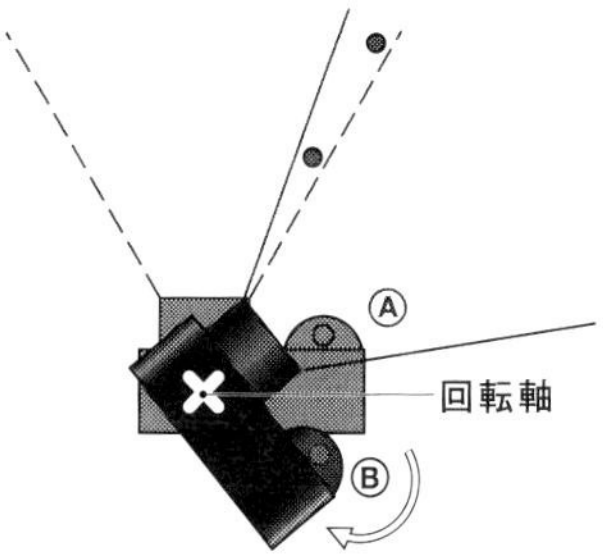

三脚ネジ穴にカメラを取り付けると、Ⓐの状態では垂直に立つ2本の棒（黒い丸）が画面右端で重なって1本に見えるが、カメラを右に振ったⒷの状態では画面左端の棒が重なって見えない

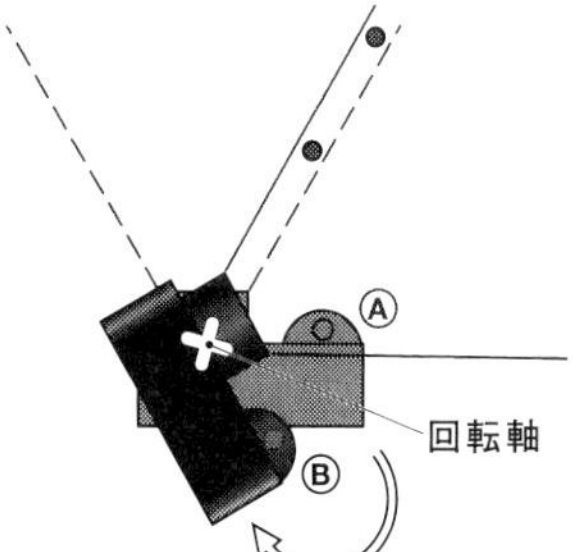

三脚ネジ穴からカメラを外し、2本の棒がカメラがⒶの位置でもⒷの位置でも一直線に重なって見えるように、カメラを左右に振りつつ、前後にずらして中心点（第2主点位置）を探す

Q20 逆光で撮ると画面が白っぽくなるのですが……。

A 逆光で撮影していると、レンズ内で光が乱反射して白っぽくなる**フレアー現象**が起こる。こうなると写真の暗部が締まらない。ほかにも、絞りの形が写り込む**ゴースト**という現象が起きることがある。画面が白っぽくなるのはこのためだ。

これらは逆光で撮影している際、直接レンズに光が入るために起こる。スタジオ撮影などのプロの現場では、レンズに直接入る不要な光は、黒いボードなどでアシスタントがこまめにカットする。通称、**ハレ切り**と呼ばれる行為である。

写真はレンズに光が入らないと撮影できない。しかし、撮影する画角以外の角度から入ってくる光は悪影響を及ぼすだけだ。この光をカットするのがハレ切りなのだが、不要な光をカットするほどコントラストは上がり、メリハリのある画像になる。

ハレ切りは、逆光でカメラを構えている状態で、画角に入らないように**黒い紙などで光をカット**すればいいわけだが、太陽が、画面に入るか入らないかぎりぎりの状態にあるときは、画面にこの黒紙が入りがちだ。画角に入らないよう注意して行わなくてはならない。

市販の**レンズフード**も有効な手段だが、メーカー純正でもそれ以外のものでも、かなり広めの角度になっている。フード自体が画角に入らないようにするためだが、フードを必要とするのは前述のように、かなり画角ぎりぎりで光をカットしたいときだ。したがって、残念ながらあまり効果がない。

ウラワザ

使えるようにするには**市販のレンズフードを自分で加工**する。まず、三脚にカメラを設置し、レンズフードを取り付けて絞りを最小にする。このままでは暗くて見えないので白い紙などにフォーカスする。ファインダーをのぞきながら、画角ぎりぎりのところでフードに**黒いテープ**を貼っていく。フードの開きより大きな四角形を黒紙でつくり、黒テープでつくったのと同じ大きさの穴を開ける。フードに留められるように工夫すればより使いやすい。

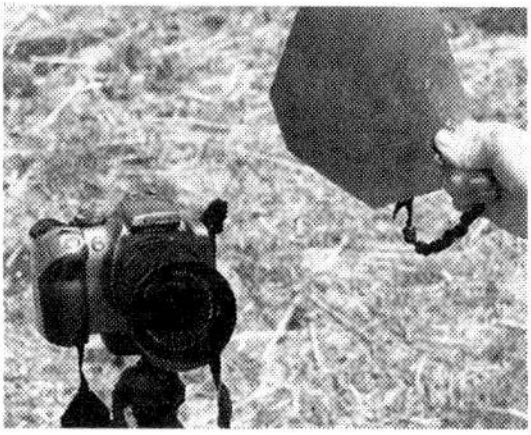

レンズに光が入るときは、手でもいいが、黒いものでカット。画角に入らないよう注意

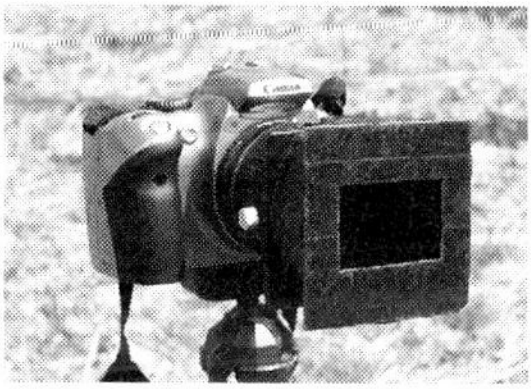

市販のレンズフードを加工した自作のハレ切り。フードに簡単に取り付けられる

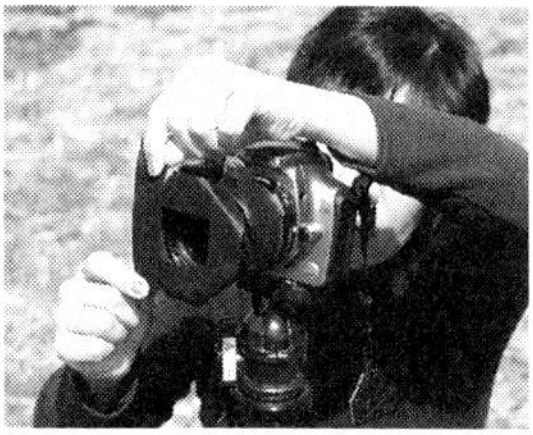

少し手間がいるが、現場で黒テープを貼ってハレ切りしても写真の精度が上がる

Q21 地平線は画面のどの辺にするのがいいですか？

A 風景写真を撮影しに出かけて、地平線や水平線が目の前に現れたとき、上下方向のどのあたりにこれらのラインを置いて撮影したらいいかを迷う、という話はよく聞く。

地平線を画面の**上のほうに配置**すると、**地面の表情**を表現することになり、手前から奥に向かって**奥行きを表現**することができる。逆にいえば、奥行きを表現できるように地面の構図を考えなくてはいけない。

地平線を画面の**下のほうに配置**したとすると、**空が大きく写せる**。空に表情があり、それを写し込みたいときにこのようなフレーミングにする。どちらかというと、**寂しい印象**になることが多いようだ。

しかし、画面の**センターに地平線**がくると、地面を使って奥行き感も出しにくいし、空の表情も出しにくい。どちらも**中途半端**で終わってしまうことになる。

地面にも空にも表現すべきものがなく、どちらかというと二次元的な画面になるときは、あくまで平面構成で画面を考えるわけだが、そういう場合でも平面のなかで動きを感じさせたほうがいいので、やはり**センターからは地平線をずらす**ようにしよう。

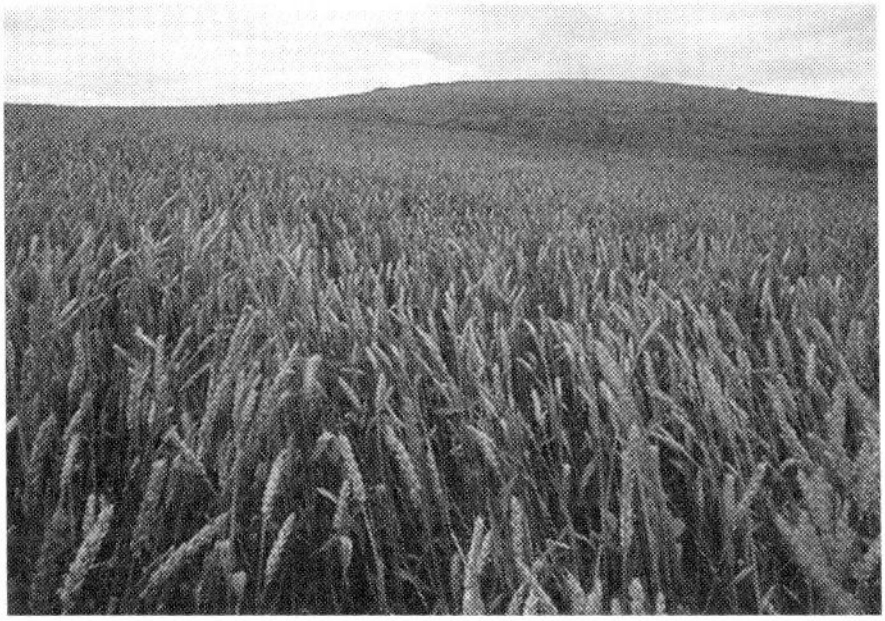

地平線を上に置き、麦畑を広く写すことで奥行き感が表現できる

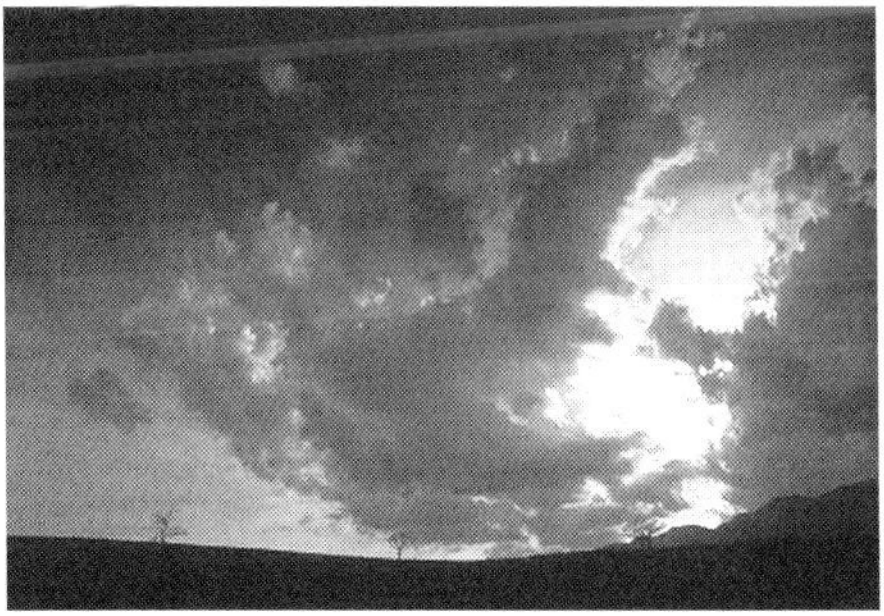

地平線を意識的にかなり下にすることで空の雲の表情を表現できる

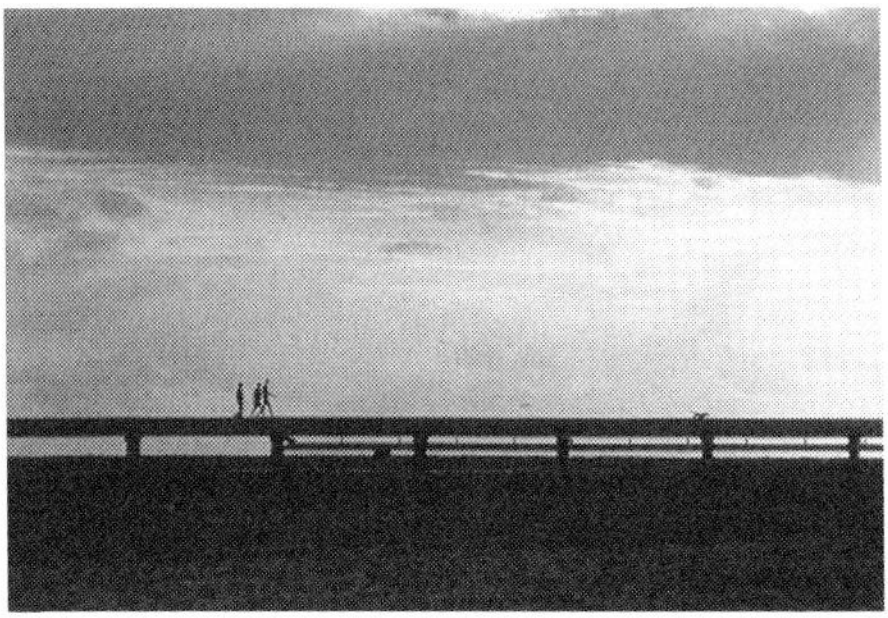

空にそれほど表情がなく、桟橋から下の海の部分もつぶれている。二次元的な平面構成でも、ラインはセンターから外すべき

Q22 滝の水を白糸のように写したいのですが……。

A 滝の水の流れは**長時間露光**をかけることにより、白糸のように写る。

当然、ブレないように、三脚は必需品だ。できれば、**レリーズ**を使って直接カメラに触れないようにするとなおいい。**セルフタイマー**を使ってシャッターを切ってもいいだろう。

さて、シャッタースピードをどの程度にすればいいかだが、これは画面に占めている水の割合によって違うし、どのくらい白くしたいかにもよる。

最初に、撮影モードダイヤルを**シャッタースピード優先（Tv）撮影モード**にして、**1秒**ぐらいのシャッタースピードで撮影する。撮影画像を液晶モニターで確認し、滝をもっと白くしたいときは、さらに長い秒数に設定する。

ここで状況によっては問題が発生する。だんだん露光時間が長くなっていくと、絞りが最小絞りになってしまい、それ以上絞れなくなるからだ。もちろん、カメラの**ISO感度は最も低く**設定しておいてもである。

ウラワザ こういう場合には、**NDフィルター**を使えばいい。NDフィルターは無彩色のフィルターで、**色に影響がないように暗くする効果**がある。露出倍数といって、何絞り分暗くなるかの

※Tv＝Time value（時間量）

表示がされているが、**2絞り分**暗くなるＮＤ**4**か、**3絞り分**暗くなるＮＤ**8**あたりが使いやすい。

また、露光時間が長くなると、水の部分は白くなっていき、時間が長くなるほど白い部分が増える。露出オーバーになるため、補正が必要になってくる。そのため、**マイナス側に露出補正**をする必要がある。

撮影時の天候や光もまた重要だ。滝や渓谷での水の撮影は、晴れているときよりも曇っているときのほうが、しっとりとした、情緒のある撮影ができる。スローシャッターにするにも**日陰か、曇っている**ことが重要である。

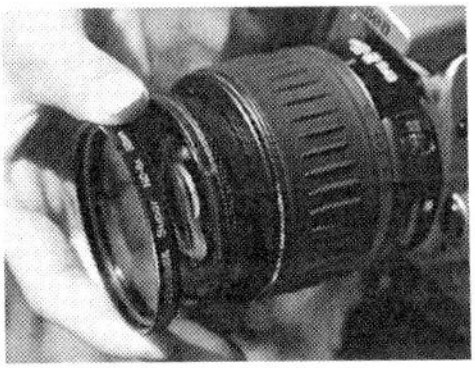

ND8を装着する。グレーのフィルターで、最小絞りでもさらに遅いシャッターが切れる

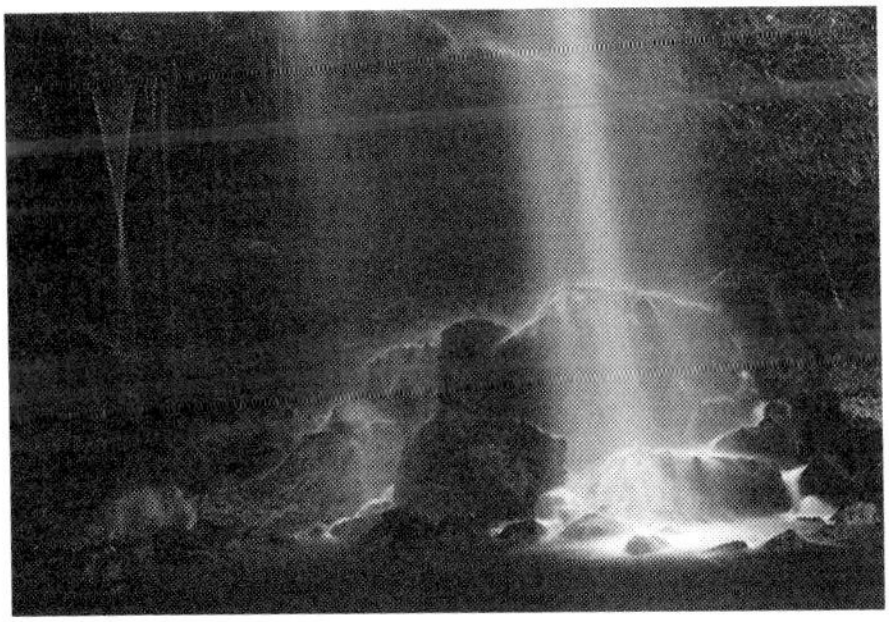

4秒の露光時間で撮影。ISO100。露出補正はマイナス1絞りしている

デジカメが、カメラバッグを軽くしてくれた

フィルムで撮影しているころ、海外ロケに行くたびに悩むのが荷物の量だった。35ミリの銀塩カメラにレンズは4本。さらに、ひいた風景などは中判のフィルムを使いたいので、6×4・5のカメラも持っていっていた。こちらもレンズは4本。当然フィルムも別に必要になる。35ミリのほうは10日間だと60本ぐらい、中判用は少しでもコンパクトにしたいので、220サイズを持っていっていたが、これでも30本ぐらい。機内持ち込みにするので、重くて大きなバッグを持って飛行場を歩くのもたいへんだった。

X線の手荷物検査では、オープンチェックで確認してもらえる空港だといいが、海外の空港ではダメなところもあり、しかたなくX線の手荷物検査機に撮影済みのフィルムを通すことになり心配の種でもあった。

今は海外ロケには**1100万画素のデジタル一眼レフカメラ**を持っていく。**解像度は中判カメラ並み**なので**カメラはこれ1台。レンズ4本。**記憶メディアは**1GのCFカードを5枚。**夜にストレージしてバックアップをとるために**小型のノートパソコン**を持っていく。荷物はずっとシンプルになり、X線のトラブルも心配ない。デジカメのお陰様々なのである。

第三章　花編

Q23 花はズームレンズのどのあたりで撮影すればいいですか？

A デジタル一眼レフカメラを購入する際、標準セットとして販売されている、18〜55ミリや18〜70ミリ等のズームレンズは汎用性(はんようせい)が高い。デジカメが苦手とされている広角レンズとしてのスペックも一般的なユーザーには十分満足できるし、望遠側も人物の上半身を撮影するには利用しやすい画角を持っている。接写という意味でも専用のマクロレンズほどではないが、B6サイズ程度の大きさに撮れるので非常に使い勝手がいい。

しかし、いろいろな画角で使えるので、ズームレンズのどのあたりを使っていいか迷う初心者は多い。そこで、撮りたい写真と画角との関係を簡単に説明しよう。

主役の花に**周囲の景色**を入れたいときや、**パースペクティブ**をつけたいとき、**画角を広くしたい**ときは**広角側**で撮影する。主役の**花のみを撮影**したいとき、さらに**背景をボカしたい**とき、パースペクティブを**つけたくない**ときは望遠側で撮影する。ズームの真ん中のあたり、標準レンズのあたりはどちらにでもなるレンズとして理解しておいていいだろう。

使い方のコツは、レンズの**ズームに頼らず自分でも動く**こと。花の撮影をしていて周りも入れたいと思ったら、迷わずレンズをもっとも広角側にして花に近づいていく。花が適当な大きさになっているのに周囲が入りすぎるようなら、望遠側に少しだけ戻す。

望遠側を使うときも最初にもっとも望遠側にする。花をアップにしてみて、大きすぎるようなら、ズームレンズの設定を変えるのではなく少し後ろに下がる。下がれなくなったら、適当な大きさになるまでレンズを少し広角側に戻す。もっとも望遠側で撮影していて、花の大きさは適当であっても、望遠レンズの引っ張り効果で引っ張られた印象が嫌なときも少し広角側に戻す。

広角側

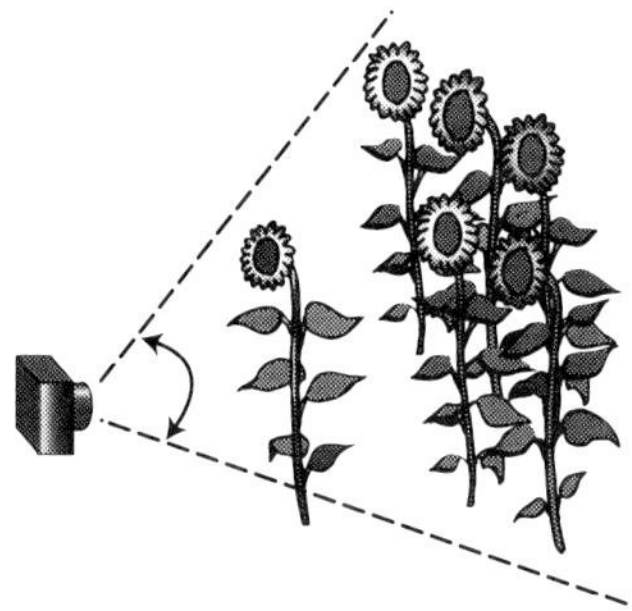

周囲を入れて撮影したいときは最広角側にして花に近づく。このとき背景処理には十分注意。背景が入りすぎたら少し望遠側に戻す

望遠側

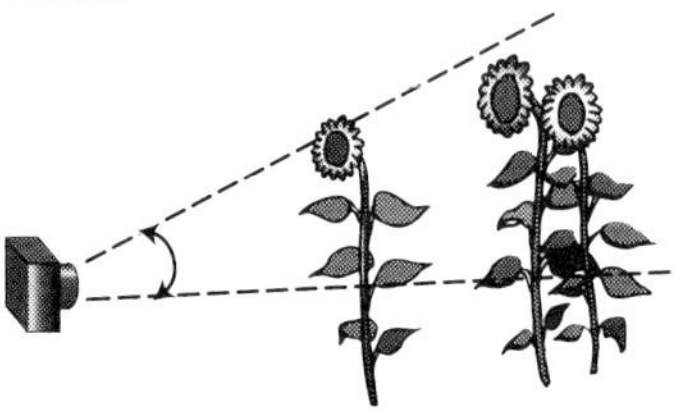

花だけを撮影したいときは最望遠側にする。アップになりすぎたら後ろに下がる。最初から広角側に回して調整しないのが基本

Q24 花をもっとアップで撮りたいのですが……。

A デジタル一眼レフカメラに標準的に使われているズームレンズは、比較的アップでも撮影ができる。しかし、さらにアップで撮影したい場合には、アップで撮れるさまざまな市販品があるので、用途に合わせて購入しておくといい。

できるだけ軽い装備にしたい人は**クローズアップフィルター**がおすすめ。倍率が異なるものがいろいろ販売されているので、実際に自分が利用するレンズに取り付けてみて購入するといい。クローズアップフィルターは露出倍数がないので、使用しても暗くならず、そのぶん露出を気にする必要がない。2枚重ねて使用することも可能だ。若干解像度は悪くなるが、拡大率をさらに高めることもできる。

接写をわりと頻繁にする人には**マクロレンズ**が適している。**標準マクロ**以外に100ミリ程度の**望遠マクロレンズ**、さらに200ミリ程度の望遠のものなどがある。同じ倍率でも望遠側のレンズのほうが被写体までの距離をとることができる。花に近寄れない状況では望遠側のマクロレンズのほうが有利になる。ただし、ブレやすくなるので注意がいる。一般的な使い方をするなら、標準レンズに近いマクロレンズのほうが扱いやすい。

また、マクロレンズにはクローズアップフィルターも着けられる。ほかにもマクロレンズとカメラボディの間に**中間リング**を入れる方法がある。この方法では**AE機能**（露出を露出計で計測し、自動的に絞りやシャッタースピードを変更して最適な露出設計を行う機能）がそのまま使えるのでたいへん便利だ。

ウラワザ

変わったところでは、**広角レンズを逆さま**にカメラボディに取り付けるアダプターもある。この方法だと高倍率の撮影が可能だ。ただし、露出はマニュアルで設定することになる。

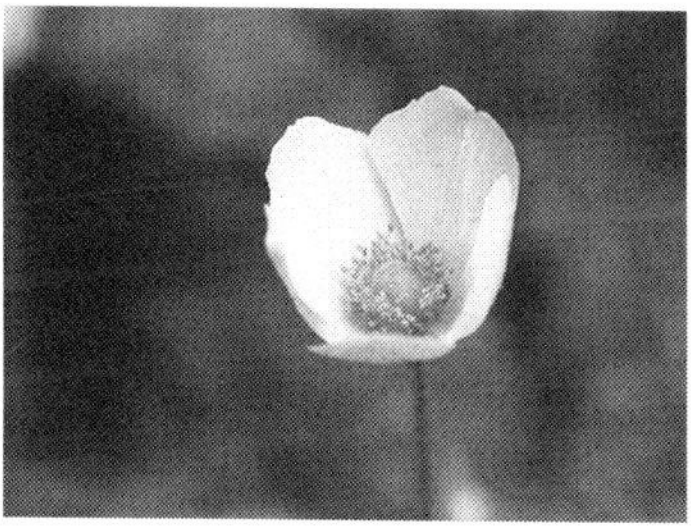

EOS Kiss Digitalの標準ズームレンズ EF－S 18−55mm F3.5−5.6USM だと、これ以上のアップで撮れない

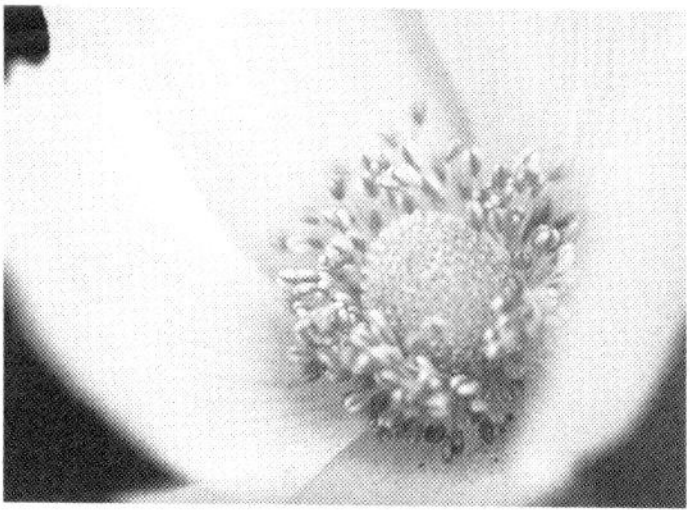

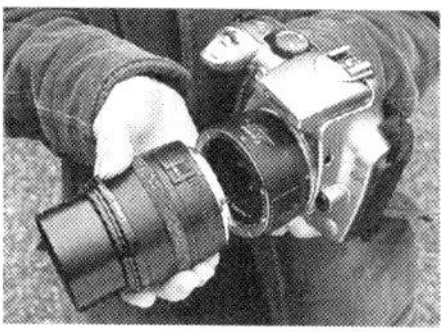

キヤノンEF50mm F2.5コンパクトマクロ＋ライフサイズコンバーターEF（中間リングの一種）を装着して撮影。等倍までの接写が可能になる。上の写真は撮影した画像

※AE＝Auto Exposure（オート エクスポージャー）（自動露出）

Q25 アップの花に背景も入れて撮りたいんですが……。

A 花のアップを通常のマクロレンズなどで撮影していると、わずかに背景が入るだけになる。だが、撮影している現場は周りの景色も美しく、もっと広い範囲で撮影したいと思うことも多い。しかも、花のアップだけでは、どこで撮影したのかはわからなくなってしまうことが多々ある。

花をアップで撮影し、なおかつ**背景も入れたい**場合には、**超広角レンズ**を使用する。一般的には、**20ミリの広角レンズは20センチ**まで寄れる。最短距離までカメラを近づけてから、周りの景色をバックとして画面内で配置していけば、印象のいい写真が撮れる。ただし、広角レンズはピントが合っているかわかりにくい。**ピント合わせ**には十分注意したい。

また、いくら背景をボカしても広角レンズである以上、背景に求めている以上にピントがきてしまうことがある。少しでも背景をボカしたいときは、**レンズは開放絞り**で使うといい。

超広角レンズのなかには、**対角魚眼**（たいかくぎょがん）**レンズ**というレンズもある。魚眼レンズは画面のすべての方向で180度の画角があるが、対角魚眼レンズは画面の対角線方向でのみ、35ミリのフルサイズを使用している場合で**180度の画角**があるレンズだ。このレンズを一般的なデジタル一眼レフカメラで使用すると、CCD(シーシーディー)などの撮像素子(さつぞうそし)がフィルムより小さい関係で焦点距離が1・5~1・6倍になる。そのため、いわゆる魚眼レンズのような極端な歪み(ゆが)ではなく、歪みは残っても超広角レンズとしての見え方になる。対角魚眼レンズもアップの花と背景を撮るのに向いているレンズだ。

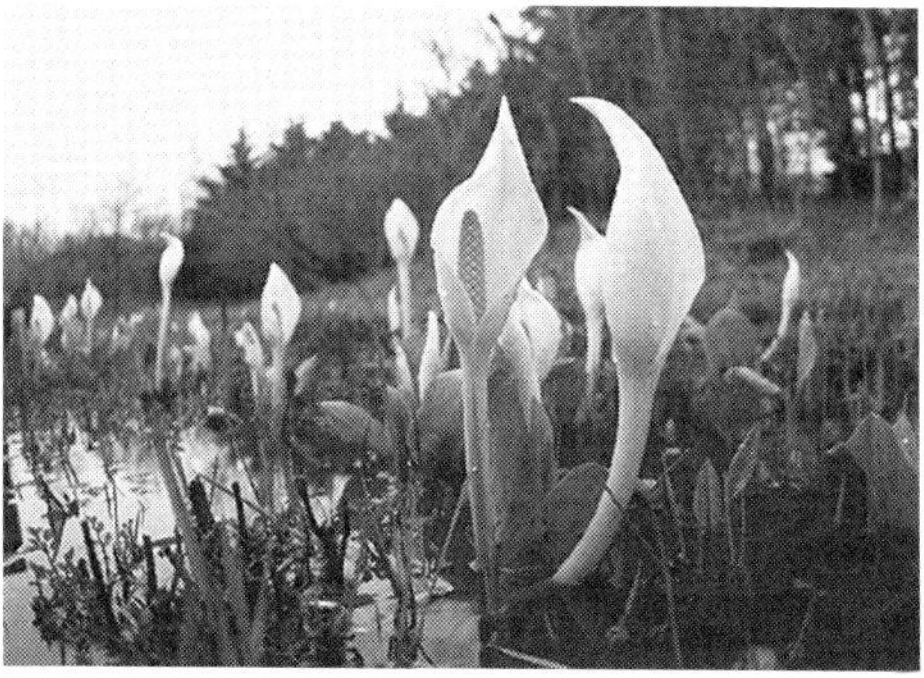

Kiss Digitalにシグマの15mm対角魚眼レンズをつけて撮影。ISO200 F5.6 1/500秒

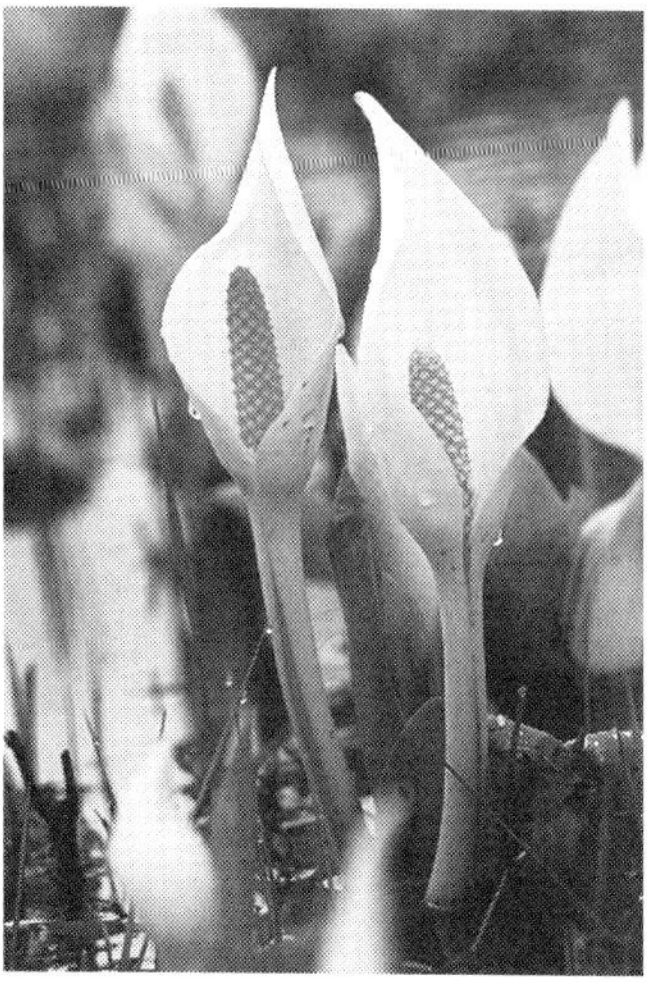

Kiss Digital にEF180mm F3.5L マクロUSMで撮影。マクロレンズだと背景はわずかになる

Q26 花の背景がうるさくならないようにしたいのですが……。

A 花の撮影では、背景を入れるにしろ入れないにしろ、**花を主役**として撮る場合には、できるだけ**シンプルな背景**を選びたい。とくにアップで撮る場合には、背景がうるさいと花が引き立たない。

そういう場合には、花の**背景が黒く落ちているところ**を探す。

背景が暗くなっている花を選んで撮るといい。具体的には、日陰などで暗くなっているところ、あるいは、木に咲く花などは幹にできる影の部分を背景にする。こうすれば、間違いなく背景は暗く落ちる。

使用するレンズは、広角系レンズよりも**望遠系のレンズ**をおすすめする。望遠系レンズを使用したほうが花のバックの写る範囲が狭いので、余分なものが写らないからだ。

また、撮影モードの設定は**Av（絞り優先）モード**に設定し、**絞りは開放**かあるいは開放から少し絞ったあたりにする。絞りは絞るよりも開放するほうが、**背景がボケる**からだ。絞りを開放に近づけるほど速いシャッターが切れるので、ブレにくくもなる。アップで撮影する

ウラワザ

とブレが目立ちやすいので一石二鳥である。

さらに、**背景に黒や白の紙を使う**という裏技(ウラワザ)もある。

花の背景にこれらの紙を置いて撮影すれば、途端にシンプルになる。紙のサイズは花の大きさにもよるが、B４サイズ程度が扱いやすい。色のある紙でも構わないが、白か黒の紙のほうがシンプルになりやすい。

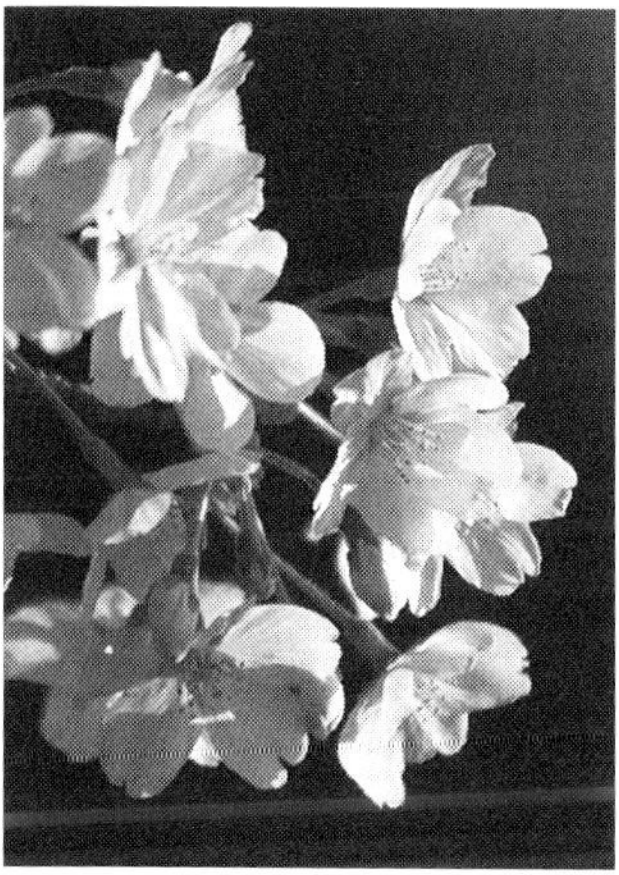

背景が木陰で暗くなっている部分を探して、Kiss DigitalにEF100mm F2.8マクロで撮影

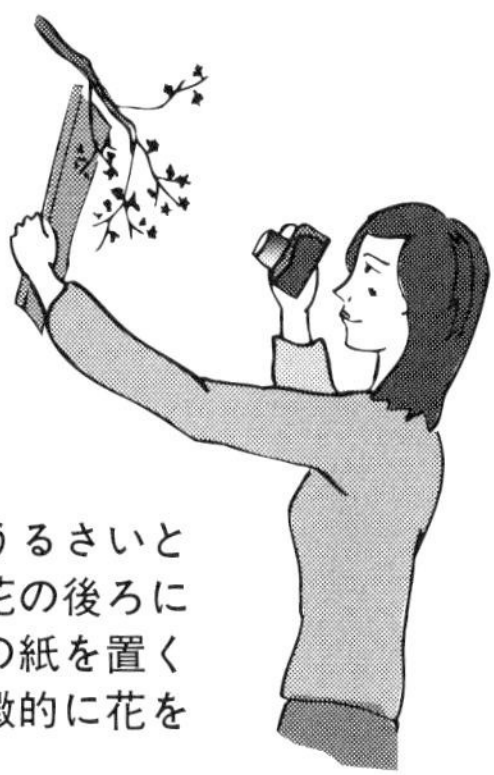

背景がうるさいときは、花の後ろに黒か白の紙を置くと、象徴的に花を撮れる

Q27 花の色をそのまま再現したいのですが……。

A 太陽が西に傾いたころ、白い花の撮影をすると、少し花が赤く写ることがある。こういう場合、デジタルカメラの**ホワイトバランスの設定**が、**オートホワイトバランス**になっていることが多い。

そもそもホワイトバランスとは何か。簡単にいうと、表現できる色の中心を決めるという機能のことだ。

中心を決めるということは、白が白に写る、あるいはグレーがグレーになるようにカメラを設定することで、このことを**ホワイトバランスをとる**という。

人間の目のほうは多少夕日で赤くなった光の下でも、ある程度は自動的にホワイトバランスをとっている。裸電球の赤い光の下にしばらくいると、本来いろんなものが赤く見えるはずだが、そうは見えない。太陽光の下で見ているのと同じように見えるのである。だから、夕日で赤くなった花でも白い花として人は認識できる。

一方、カメラのほうはどうかというと、オートホワイトバランスに設定されているカメラは、ホワイトバランスを、どんな光の下でもそこそこに補正する。わかりやすくいうなら、総合点で試験に合格になることを目指す設定で、一科目ごと満点をとれる設定ではない。つまり、どの光源下でも厳密にホワイトバランスが合うわけではないと考えていい。

完全に補正しきれるわけではないので、赤く色が転（ころ）んだままで撮影される。実際は白い花だったのに、写してみたら赤く色が転んでいたという結果になってしまうのだ。

では、どのように撮影すればいいかというと、デジタル一眼レフカメラには**マニュアルでホワイトバランスをとる**機能がついている。

やり方は機種によって違うが、**ホワイトバランスの設定をマニュアル**にして、撮影前に同じ条件下で**「白い紙だけ」を撮影する**のはどの機種でも同じ。折り畳んでポケットにでも入れて、**白い紙**を撮影現場に持っていけば簡単にできる。そのあとに本番の花の写真を撮ればいい。

正しく色を再現したいときは多少の手間はかかっても、マニュアルでホワイトバランスをとるようにすることである。また、液晶モニターで撮影画像を見て、「**色が変だな**」と思ったときは、**ホワイトバランスの設定を確認**するように心がけておこう。

もしも、色は厳密ではなくても、そこそこ合っているくらいで気軽にバシャバシャと撮影したいときはオートホワイトバランスに設定しておくほうが楽だ。

Q28 花の色を図鑑のように忠実に再現したいのですが……。

A ホワイトバランスの設定で、色を忠実に出すことを前項で書いたが、じつは厳密な意味ではこれだけでは、100%忠実に再現することにはならない。

よく、雑誌の記事などで「このデジタルカメラは肌色の発色がいい」とか、「緑の色がきれい」とか、機種別の評価が書かれている。これはそもそも、デジカメが忠実な色の再現性を求めて設計されていないことの現れだ。

例えば、人の肌の発色について考えてみよう。日本人の肌の色は黄色や緑色の成分が比較的高い。このまま正確にカメラが発色したとすると、おそらく発色の悪いカメラだといわれる。不健康に見える青白っぽい色を抑えて、**赤みを足した発色**にすれば、ちょうど**メイクをしたように健康的**に見える。違和感がない程度に、この補正をデジカメは勝手にやっているのである。

空の色を例にしてもいい。地平線近くの空は比較的色はなく、わりと白っぽい。しかし、デジカメは明度を下げて青を発色しているものが多いのだ。この発色のほうがきれいだと多くのユーザーが思うからである。つまり、**デジカメは**現実に忠実ではなく、**色をつくってい**

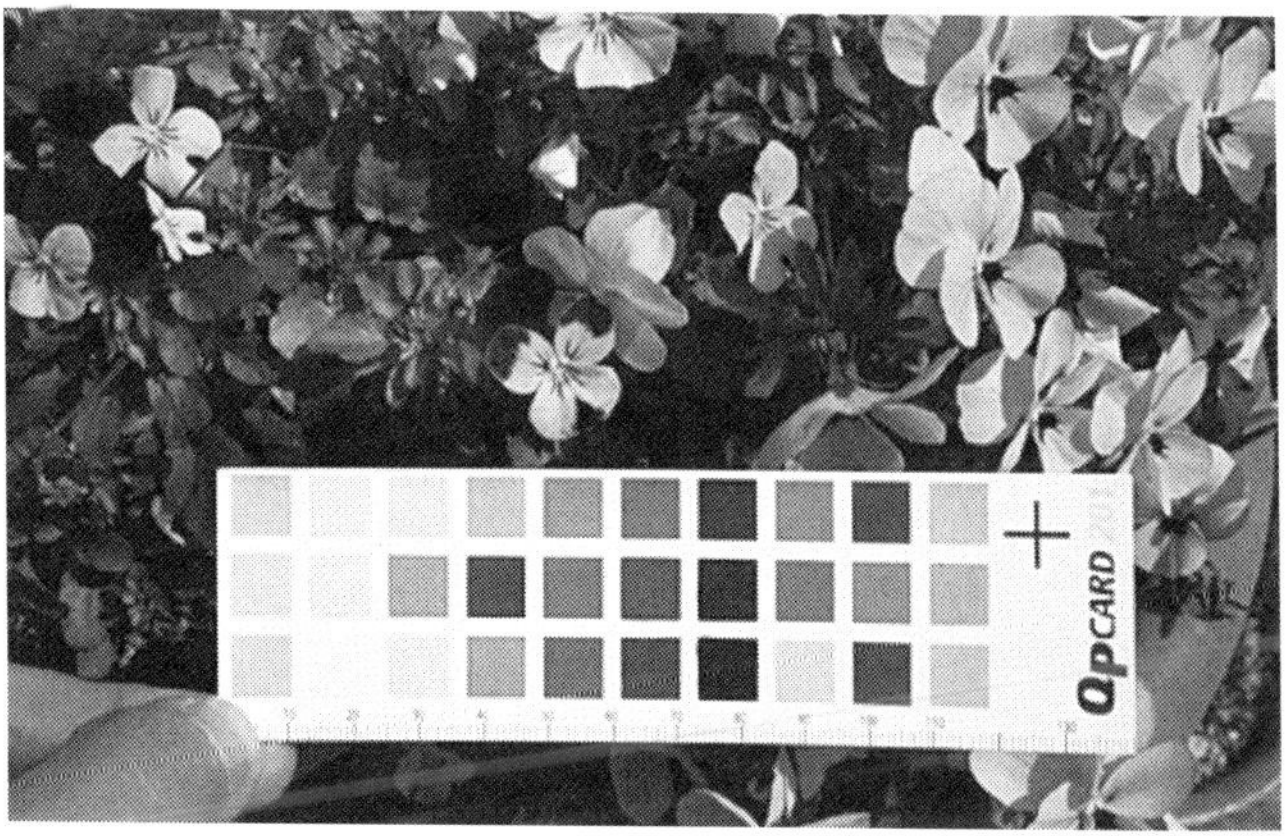

「QPカラーキット1（QP colorkit 1)」は、30色が印刷されたパッチ「QP card 201」5枚と、色調補正するソフトウェア「QP colorsoft 501」のセット。忠実に色を再現できる

る。

では、いったいどうすれば正しく色を再現できるのか。花の図鑑のように、どうしても色を忠実に出さねばならないときもある。

そんなときには、**「QPカラーキット1（QP colorkit 1）」**というソフトとターゲットとなる色の見本帳がセットになっているものを使う。まず、30色の色が印刷された**パッチを撮影前に花の横に置いて撮影**し、次に本番を撮る。パソコンでソフトを立ち上げ、パッチ入りの**画像データを読み込んで補正データをつくる**。**本番の撮影データにこの補正値をあてはめる**と忠実な色に再現される。きれいな色よりも、忠実に発色させたいときはこういうツールを使えばいい。

Q29 曇りのときに撮影すると、立体感が出ないのですが……。

A 被写体に、ハイライト側とシャドウ側があると、メリハリある写真になり、より立体的に見える。しかし、曇っているときは光にコントラストがないので、花のアップを撮影すると、フラットな印象の写真になりがちなのだ。曇りのようなフラットな光の状況下でそれを解消するには、コントラストがつくような**光をつくってやればいい**。

やり方は簡単で、花が立体的に見えるように人為的に光を当てるだけだが、光の強さによって使用するものが異なる。

ウラワザ **薄曇りのときは銀レフ**（銀色のレフ板）を使う。白いレフ板は光がない状況だと反射しないからで、画面にメリハリがつくような光が入るような角度に銀レフを調整する。

光の状況が**さらにフラットな場合には手鏡**なども有効だ。**アクリルミラー**などを小さくカットしたものでもいい。撮影する花の大きさにもよるが、B5程度のサイズだと比較的使用しやすいうえに携帯しやすい。

以上は、あくまでも自然の明るさを利用した方法だが、これらでも立体的にならないような曇り空の場合には人工光源を使う。アクセントライトとして**ストロボを使用する**のである。

ただし、この場合は暗い室内でストロボを使う場合とストロボに求める効果が違う。あくまでアクセントとして利用する。

できれば、カメラの内蔵ストロボや、外部ストロボをカメラ上部に取り付けて使うのではなく、**花の斜め横から照射**できるようにする。**コードを利用してストロボをカメラから離して使う**のである。機種によるが、このとき撮影モードがAv（絞り優先）になっていると、その絞り値に合わせて弱い光を照射できるように設定されている。

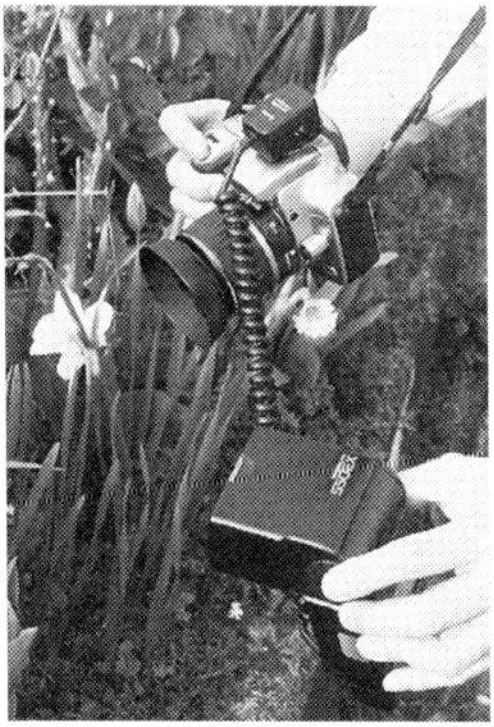

Kiss Digitalにスピードライト550EXを着けて撮影。カメラから離せるようにオフカメラシューコード2を使った

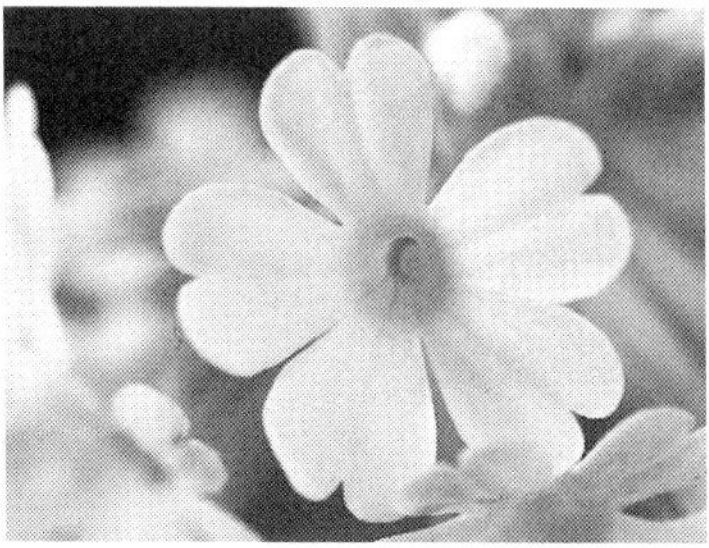

左奥からストロボを発光。晴天時の木漏れ日で撮影したように撮れた

Q30 風情（ふぜい）のある花の写真の撮り方を教えてください。

A 花の写真を撮り続けていると、**図鑑のように**客観的に撮っているのに気づかされることがある。花を撮りたいので、ついつい主役となる**花のアップばかり**になってしまうのだが、**写真としての面白さ**を考えると、やはりもう少し工夫が必要だ。

例えば、**前ボケを利用する**方法がある。主役となる花を奥に置いて、手前の花をピントをボカした状態で配置する。もちろん、主役となる花を前に置いて、奥にボカした花を配置しても構わない。ボケ足を利用することで花を印象的に見せるのである。

このとき使用するのは**望遠レンズ**がいい。デジタル一眼レフカメラを購入するときにセットで買った標準ズームレンズを使っている人は、もっとも望遠側を使用する。ただし、理想をいえばズームレンズではなく、単体の**100〜200ミリぐらいのレンズ**のほうがボケ足がきれいだ。撮影時はデジカメの撮影モードはAv（**絞り優先**）にして、**絞りを開放か**、あるいは開放から**半絞りほど絞る**。レンズを開放にすればするほど、ピントが合っている範囲が狭くなり、前後に配置した花がボケてくる。

ウラワザ **極端なローアングル**など、通常、人が花を見る角度ではなく、**思い切って角度をつけて撮**

影するのもいい。子どもの写真でも大人の目線からではなく、子どもの目線かそれより低い位置から撮影するといきいきと見えてくる。**ローアングルファインダー**を取り付けて、地面ぎりぎりまでカメラを下げると、**花にも躍動感**が出る。この場合には、花との距離が近くなるのでレンズは**広角レンズ**を使う。

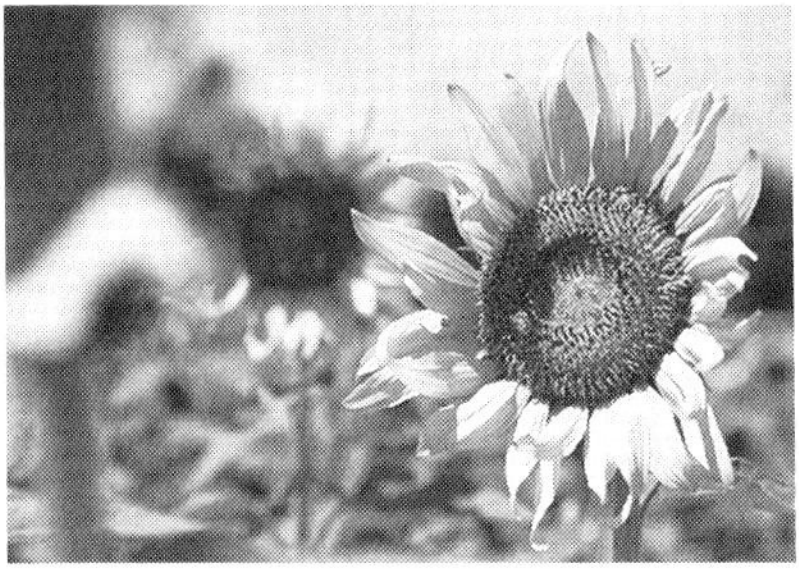

100mm F2.8マクロレンズで撮影。左側に前ボケと後ボケをつくったので空気感が出た

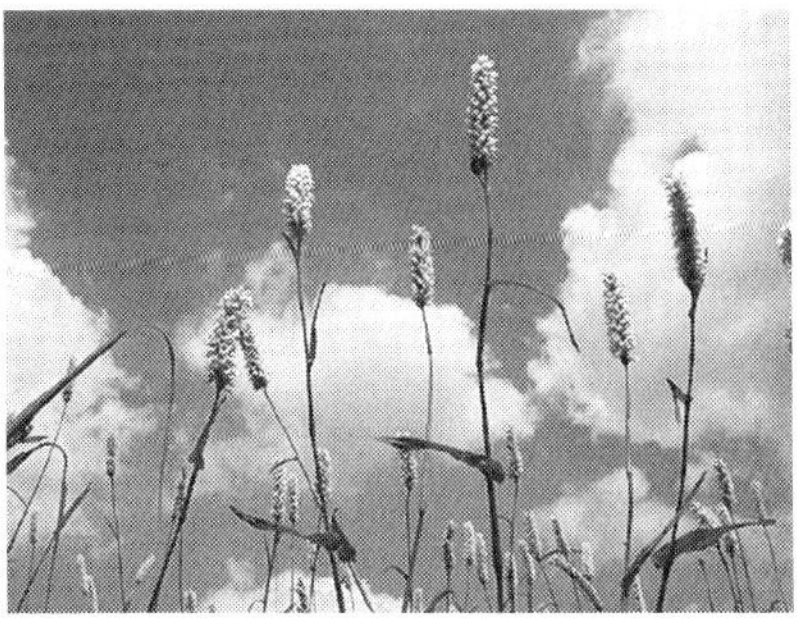

ローアングルファインダーを着けて広角レンズで下から撮影。花がそびえ立つように見える

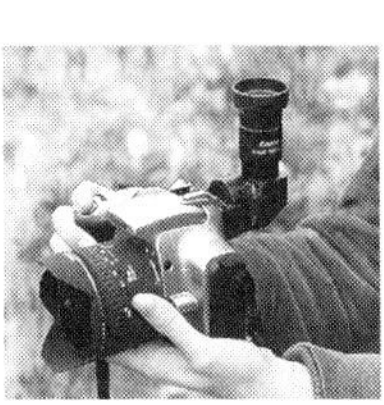

Kiss Digitalにローアングルファインダ－Cを着けた。これでカメラを地面まで下げられる

「いいカメラ」より「いい三脚」が「いい写真」を生む

写真教室で話をしていて気づいたことだが、受講生のほとんどがカメラやレンズは購入するが、三脚はなかなか購入しない。高価な望遠レンズやプロでもなかなか買えない貴重なカメラは購入する。しかし、三脚となると話は別らしい。持っている人でもかなり廉価版ばかり。ことほど左様に、三脚はないがしろにされているのである。

これはそのまま撮影現場でも同じで、富士五湖にある有名な撮影スポットに行ったのだが、日の出を待つカメラマンたちのなかには、びっくりするほど高いカメラとレンズを富士山に向けているのに、三脚のほうはまったくいい加減なものを使っている人が多い。

プロカメラマンからいわせれば、仮にどんなに高いカメラを使っていても、名玉といわれるようなレンズを使っていても、ブラしてしまっては元も子もない。ブレは本人が意識するよりもかなり微妙なレベルで撮影時に出てしまうものだ。**普及版のカメラでもブラさないほうが**、写真の質は間違いなくいい。

最近では多少高価だが、グラスファイバー製の軽い三脚も出回っている。カメラと同じくらいに三脚は大切なもの、**レンズと同じくらいに必要なもの**だとぜひ認識してほしい。

第四章　動物編

Q31 動物園の檻が邪魔なんですが……。

A 動物園ではほとんどの動物は檻に入っている。せっかく近くで撮れるのに、檻が写ってしまうからとあきらめている人も多いのではないだろうか。しかし、じつは檻はちょっとした工夫で**消すことができる**。

まず、レンズは**望遠レンズであるほどいい**。100ミリのレンズよりも200ミリ、あるいは300ミリと望遠レンズでも、より長玉のほうがいい。望遠になればなるほど価格も上がるので、できる範囲でなるべく望遠を購入しておきたい。

絞りは、**開放**か、開放から**半絞り絞った程度**の絞りにしたい。開放側にすればするほどピントが合っている範囲（**被写界深度**）が狭くなるので、そのぶん檻はボケる。

撮影するときには、檻とレンズの距離が**近いほど**、檻と動物が**遠いほど**いい。いくら望遠レンズを使っていても、檻の横に動物がいたのではボカしようがなくなるからだ。

このとき、檻に直射日光が当たっていると、ボケてはいても檻の存在がわかってしまう。このような場所は避けて、**直射光が当たっていない檻**の部分でフレーミングするようにする。

また、**檻と檻の間のすき間から直接、動物の目が見える**ほうが写真に解像感が出る。

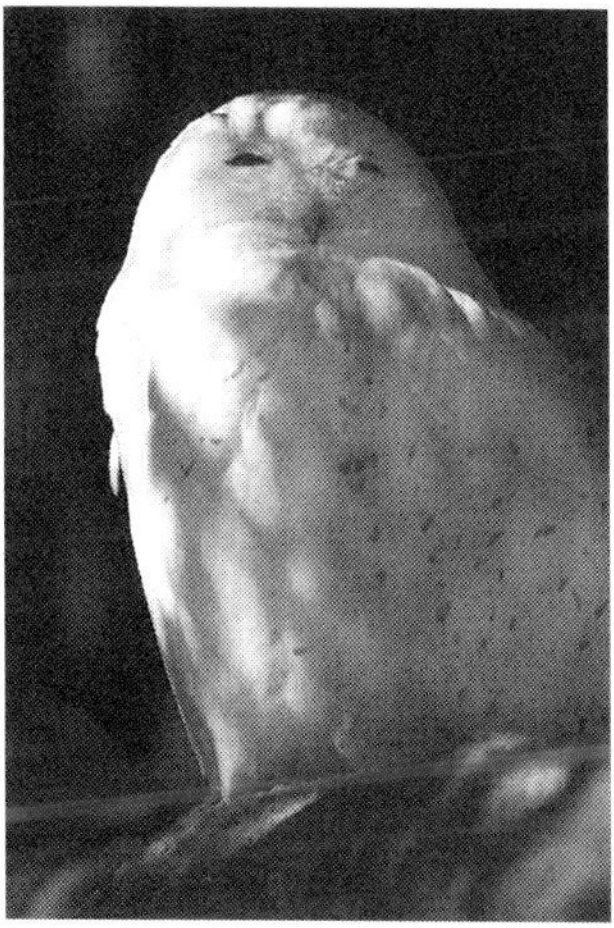

200mmレンズを開放のF2.8で撮影。檻は見えない

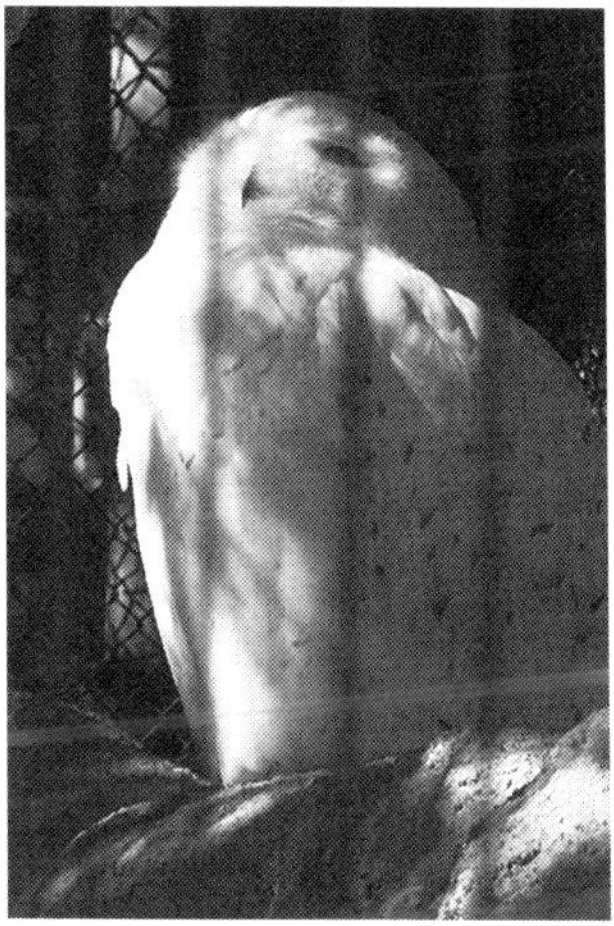

200mmレンズをF11まで絞って撮影。檻は消えない

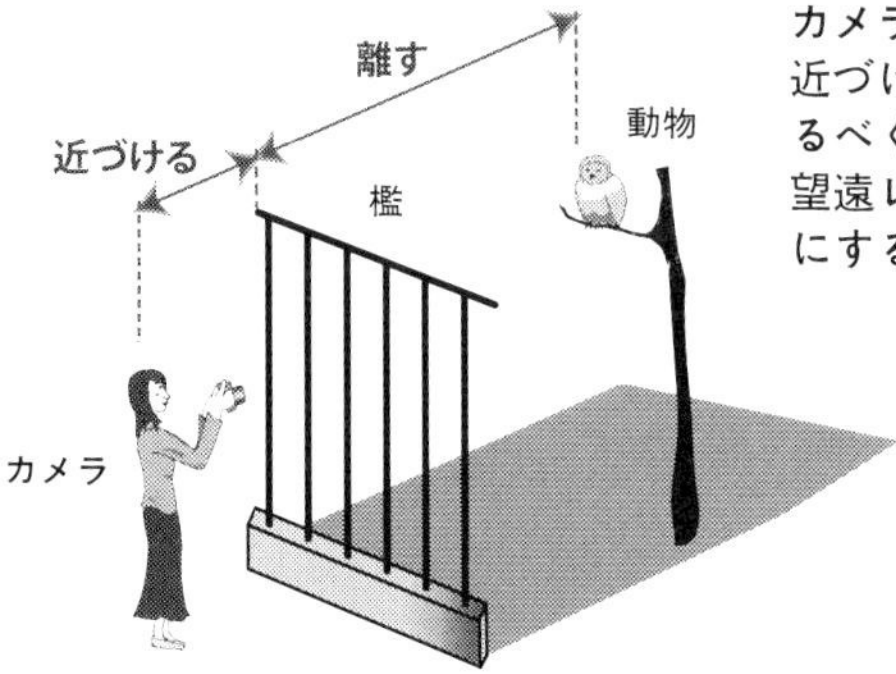

カメラは檻になるべく近づけ、動物と檻はなるべく離す。なるべく望遠レンズで開放絞りにする

Q32 ガラス越しだと、自分が写ってしまいますが……。

A 動物園では最近、ガラス越しに動物が見られる施設が、だいぶ多くなった。おそらくガラス越しにしたほうが、動物をより間近で見られるからだろう。

間近で撮ることもできるのはいいのだが、ガラス越しだと反射もあるし、自分も写り込んでしまう。カメラマンに口が当たって明るくなっているときは、反射や写り込みはどうしても起きる。これを避けるには、**暗くなっている場所**を撮影場所に選ぶ。日光の角度などでガラス全体が明るくなっている場合には、**暗くなる場所ができる時間帯**を選ぶことだ。

だが、写り込みがない場所があっても、ガラスが汚れていたり、傷がついていたりする場合もある。きれいで、しかも写り込みがない場所をなかなか見つけにくいときのために、裏技をお教えしよう。それは、**ガラスに黒いものを映り込ませる**方法だ。

ウラワザ

用意するのは、一辺が**40～50センチの四角形の黒布**。あまり大きすぎてもほかの見学者の迷惑になるのでこのくらいがいい。透（す）けない布で、四隅に吸盤を取り付けておく。中心にはレンズが入るような直径10センチほどの穴を開け、ゴムを入れて締まるように工夫する。

撮影するときは、この黒布を吸盤でガラスに貼り付け、真ん中の穴にレンズを差し込むだけだ。黒布でカメラのボディと自分が映り込まないため、まるでガラスがないように写せる。

以前、これで撮影したらチンパンジーが面白がって寄ってきたことがあり、慌てて望遠レンズから標準レンズに変更したことがある。別の効果もこの裏技にはあるらしい。ＰＬフィルター（偏光フィルター）も場合によっては有効だが、暗くなるので動く動物を撮るにはおすすめできない。

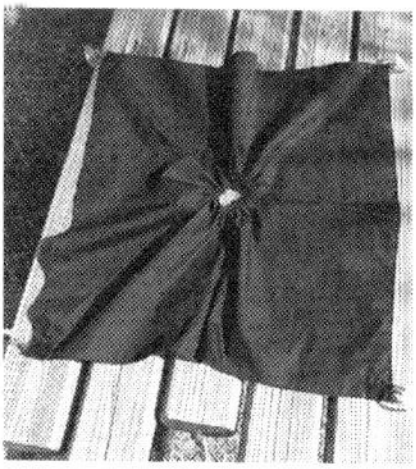

40〜50cm四方の黒布の中心に10cm程度の穴を開け、ゴムを入れて加工する

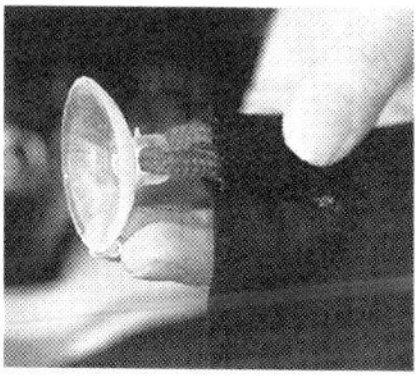

黒布の四隅に吸盤を取り付ける

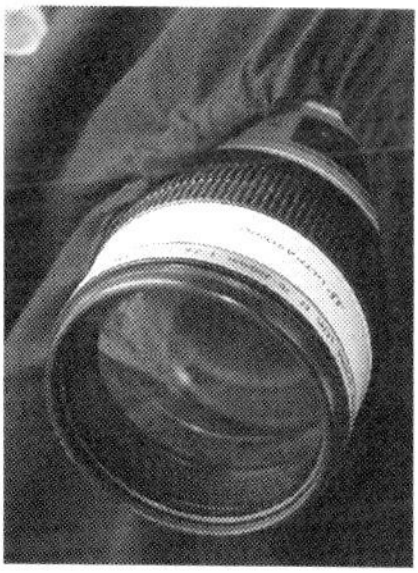

中心の穴のサイズは自分が使うレンズよりも少し広い程度

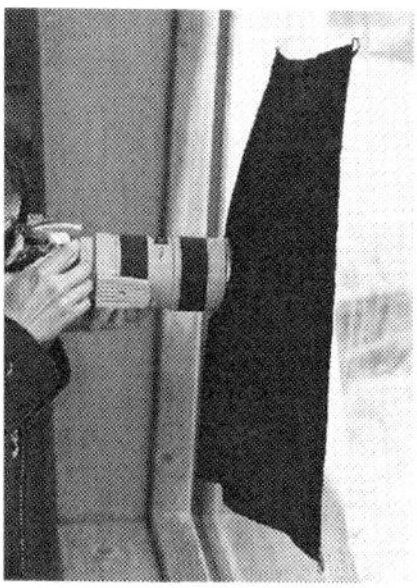

吸盤でガラスにくっつけ、中心の穴にレンズを通して撮影する

Q33 超望遠レンズは、高くて買えないのですが……。

A 動物の撮影をしていると、もっと長い望遠レンズが欲しいと思う人が多い。野鳥の撮影をしている人などは、なかなか近づくことはできないので、なおさらだ。とはいえ、高倍率の望遠レンズは非常に高価だ。500ミリぐらいのレンズになると、平気で100万円ぐらいはする。加えて、このぐらいの倍率のレンズになると、非常に重い。撮影時のレンズの扱いがかなりたいへんになってくる。

だが、最近、デジタルカメラ用に、すこぶるいいものが出回っている。**デジスコ**と呼ばれているもので、ウラワザ **バードウォッチング用の望遠鏡**と**アダプター**を取り付け、デジカメで撮影できるようにしたものだ。

スポッティングスコープとかフィールドスコープなど、バードウォッチング用の望遠鏡は5万円ぐらいのものから、高価なものでも20万円ほど。アダプターも3万5000円ほどで買えるうえ、取り扱いもやさしい。倍率のほうも驚くほど上げられる。

例えば、興和のTSN－824Mにアダプターを取り付けて撮影すると、焦点距離は1100ミリになる。さらにデジカメは撮像素子(さつぞうそし)が小さいぶん、フィルムカメラよりレンズの倍率を上げる。焦点距離が1・6倍になるデジカメなら、結果的に**1760ミリもの超望遠レ**ンズを使うことになる。ちなみにキヤノンの1200ミリレンズは980万円もする。

写真の仕上がりのほうも、デジスコは**実用上全く問題ない**。超望遠レンズが欲しいと思っていた人にはぜひ試してもらいたい**密かな流行品**である。

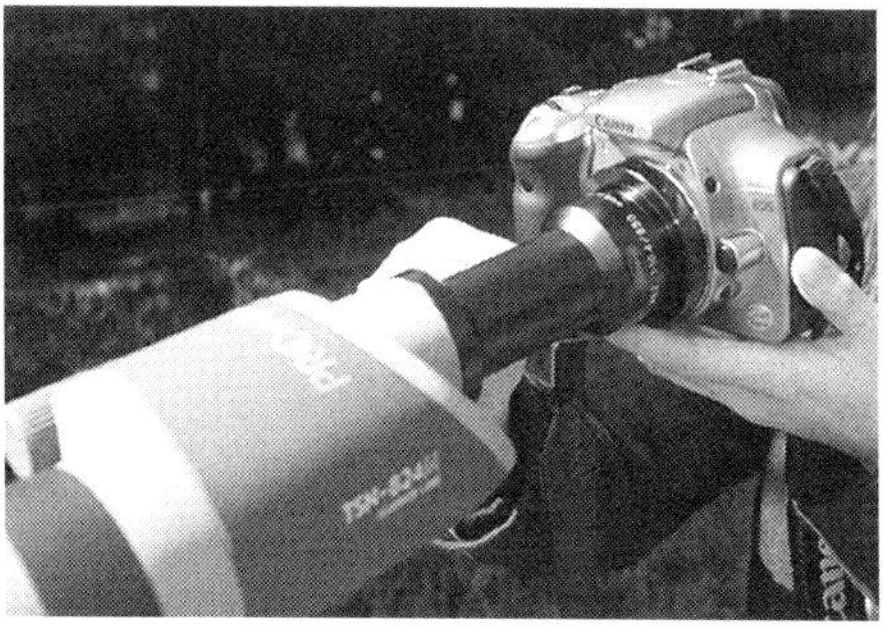

興和のスポッティングスコープTSN-824M（標準価格20万円）に、アダプターTSN-PA2C（標準価格3万5000円）を取り付けて、Kiss Digitalに装着した

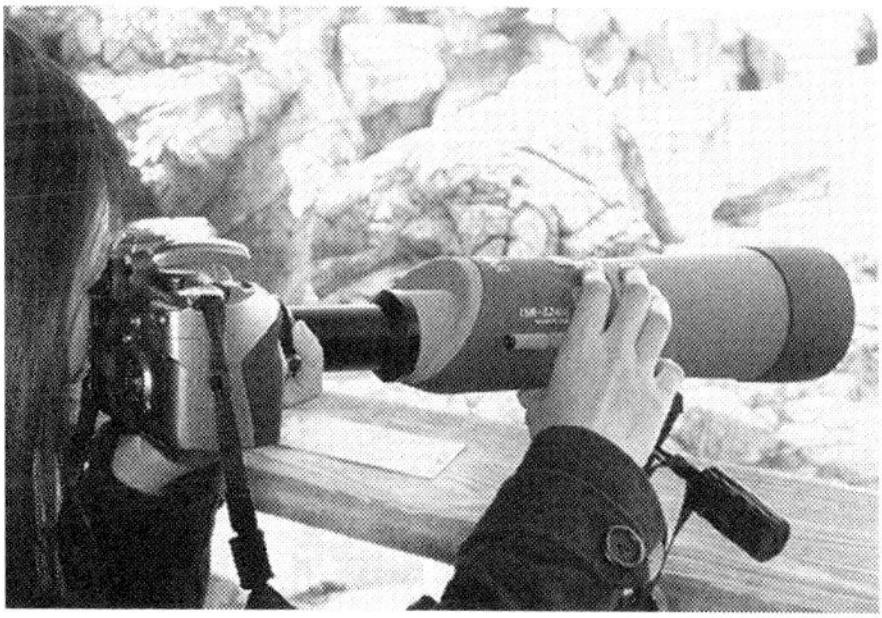

手持ちの撮影も可能だが、基本は超望遠レンズのため三脚に取り付けて撮影しよう

●スポッティングスコープ、フィールドスコープ取り扱い各社のHP一覧

（株）ニコンビジョン…http://nikon.topica.ne.jp/bi_j

興和（株）…http://www.kowa-prominar.ne.jp

（株）ビクセン…http://www.vixen.co.jp

Q34 鼻デカ写真は、どうやったら撮れますか？

A 鼻を大きく写してかわいらしさを出したいときは、広角レンズを使う。鼻デカ写真は、パースペクティブを活かした写真で、これを表現するのに、広角レンズが向いているからだ。デジタル一眼レフカメラの標準セットとして販売されているズームレンズを使用する場合には、もっとも広角側で使う。

単体の超広角レンズを使用すれば鼻デカの効果はさらに上がる。とくにおすすめなのは**対角魚眼レンズ**。35ミリフィルムで使用すると、画面の対角線の画角が180度になる超広角レンズだ。デジカメ一眼で使用すると倍率が1・6倍ぐらいになるものが多いので、180度までは広角にならないが、超広角であることは間違いない。

このようなレンズで撮ると、周辺部も適度に歪んで、その効果でペットのかわいらしさも倍増する。対角魚眼レンズは一般的に高価だが、シグマから発売されている15ミリF2・8EXなら、希望小売価格6万円なので、手頃な価格で購入できる。

撮り方は、**ネコの場合にはレンズの横で何かを動かす**。ネコは動くものを追おうとする性質があるので、そんな瞬を撮ればいい。

一方、イヌの場合にはカメラのほうに向かせるのは難しい。お座りができるイヌでも、座ったままでレンズを見続けてくれるとは限らない。**イヌは少し離れた位置にお座りをさせたら、まず、レンズの横にエサ**を用意。においを嗅(か)ごうと鼻を出してきた一瞬を撮影する。ネコよりイヌはたいへんだが、根気強く待てば、ベストショットが撮れる。

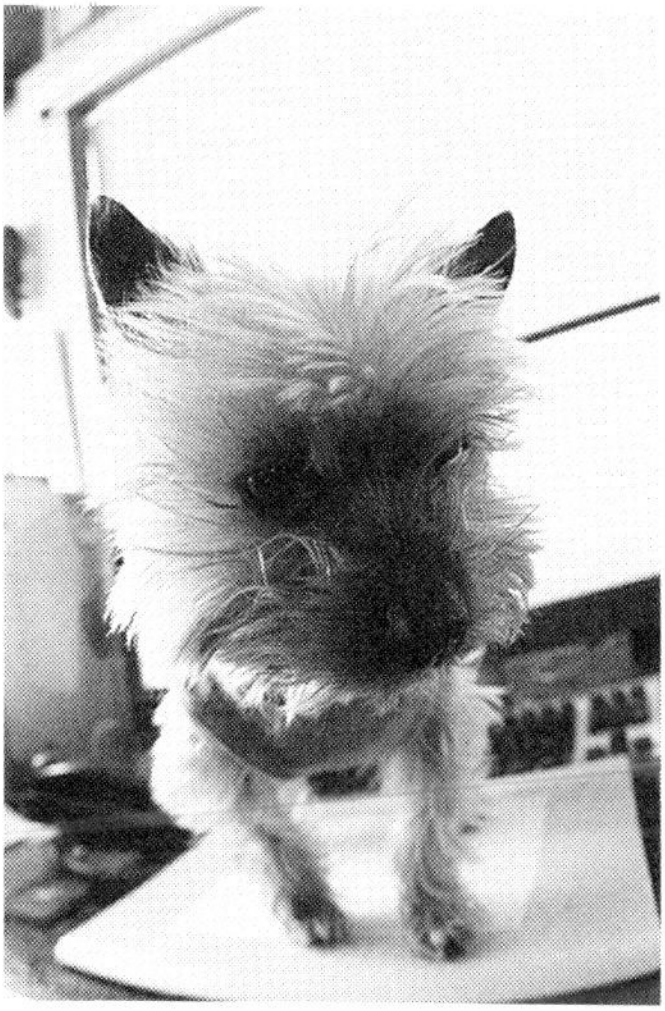

Kiss Digitalに対角魚眼レンズ（シグマ15mm F2.8EX）でプログラムオートで撮影。ISO200

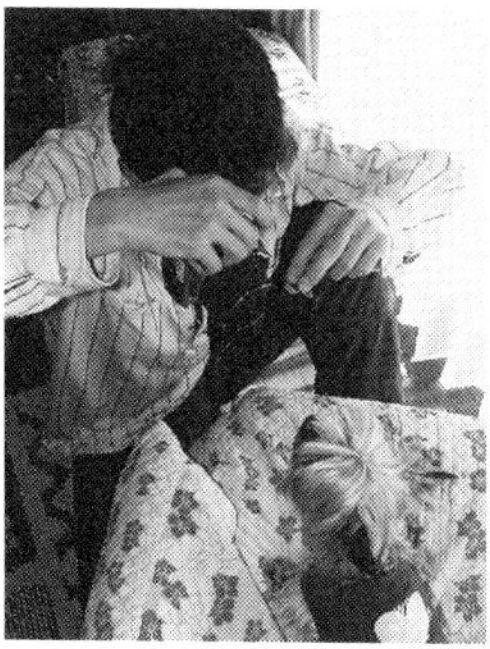

イヌは同じ動きに飽きてくるのでエサを見せてすぐがシャッターチャンス

動物園には朝一番で行こう

動物園は平日でも意外と混んでいる。撮影のことを考えると、まだ人の多くない朝一番に出かけるのがベストだ。三脚を立てたくても、人が多くなるとどうしても、ほかの人の迷惑になるのでできない。ガラス越しに反射防止の黒布などを貼りたくても、ほかの人が見えなくなると思うと、これもできなくなる。

光線の具合も朝がいいが、動物も、人の気配が少ない朝のほうが、自然な感じだ。朝のほうが行動が活発で、昼にはぐっすり寝込んでしまっている動物もいる。眠っている姿もかわいいことはかわいいが、厩舎（きゅうしゃ）のなかや後ろ向きで寝られたのでは撮りようがない。夕方も光はいいのだが、なかには厩舎に入れてほしいのか、盛んに入り口の前を行ったり来たりする動物もいる。

ある動物カメラマンは、朝一番に上野動物園へ行ったら、まずフクロウのところに行くそうだ。幼稚園児たちも朝一番から遠足にやってくるが、入り口近くのパンダから見始める。そのため、その先のフクロウには、まだ人がいないからだそうだ。この時間には、フクロウの檻に直射日光も当たっていないので、檻を消す撮影にも好都合なのだという。

第五章　乗り物編

Q35 速そうに見える撮影テクニックはありますか？

A クルマなどを撮影するときに、そのスピードを演出するのに使われているのが**流し撮り**というテクニックだ。昔から使われている古典的な方法だが、これをマスターすればいい。

例えば、クルマが右から左に走っていくとする。この動きに合わせて**カメラを右から左に振り、クルマを追尾する**。カメラのシャッタースピードが遅いと、画面上のクルマだけがブレずに止まって背景が流れた感じにブレる。背景の流れが躍動感を演出するし、止まっているクルマも場所によっては微妙にブレているので、いかにも速いスピードで走っているように見えるのである。

シャッタースピードは被写体のスピードによっても、使用するレンズによっても違うので一概にはいえない。とりあえず、目安として1／15秒ぐらいのシャッタースピードでまず1枚撮影してみるといい。これで、背景が流れる効果が弱ければ、さらに遅いシャッタースピードにする。背景が流れすぎるようなら、もう少し速いシャッタースピードにする。撮影後は液晶モニターでかならず拡大してみながら、目標の流し撮りができるまでやってみる。

シャッタースピードが決まれば、流し撮りは左右にカメラを振るだけの単純な動作だ。

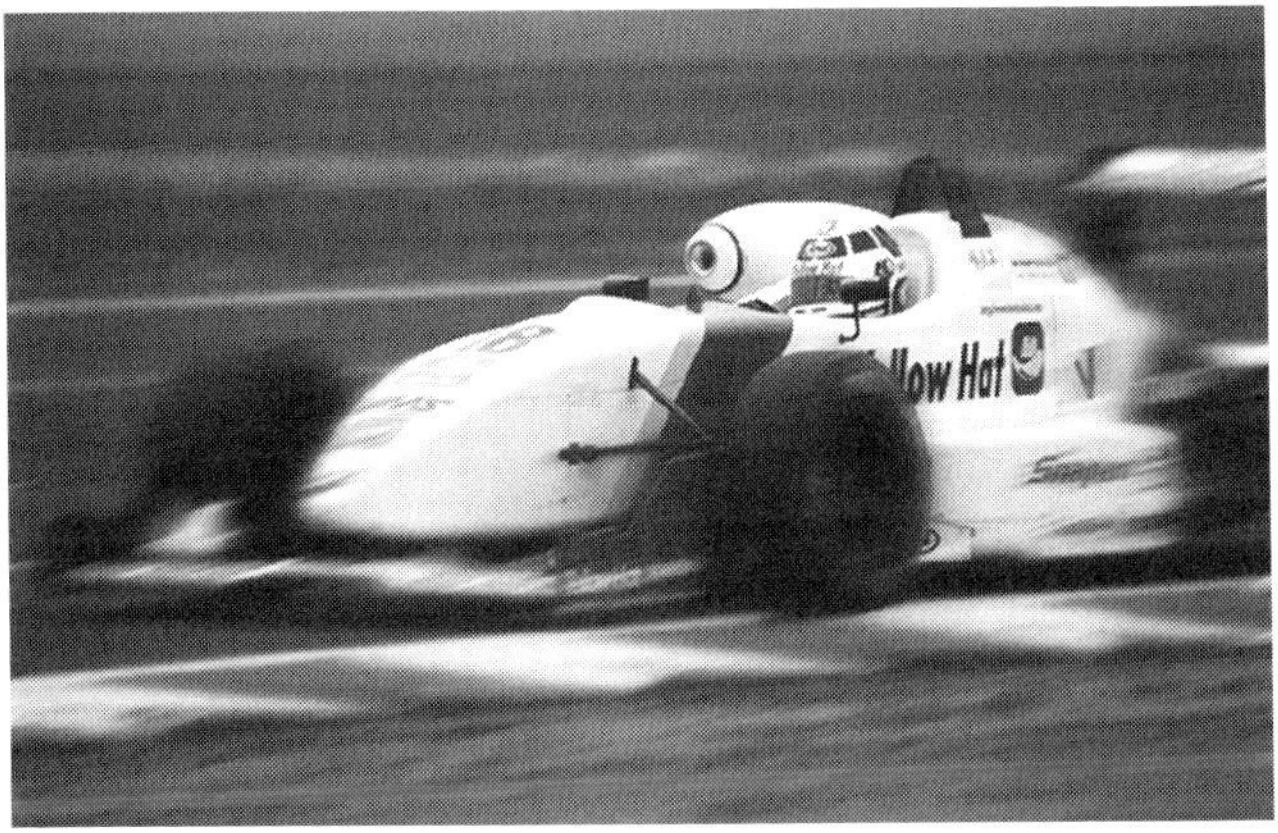

EOS-10DとEF70-200mm F2.8L IS USMレンズで撮影。Tv（シャッタースピード優先）モードで1/30秒に設定。ISO100。流し撮りは最低1ヵ所を止める

だが、やってみると最初はなかなかうまくいかない。手持ちで撮影するため、カメラが上下動してしまうからだ。

慣れるまで、**上下動せずに体を振る**ことができる一脚（いっきゃく）を使ってもいい。

また、振り始めにクルマが体の正面にきていると、最終的にかなり左まで振ることになるため体は不安定になる。

最初は体を右に捻（ひね）った状態で追尾し始め、正面を向いたときにクルマも正面にあるようにしてシャッターを切り、さらに**撮影後も追尾しながら左に振り抜く。**

最初は右向きで、最後にはフォロースルーすることが、硬くならずに体を安定させ、より柔らかく左右に振り抜くコツだ。

ウラワザ

Q36 走ってくるクルマを連写したいのですが……。

A 走ってくるクルマを連写するには、まず猛スピードで走ってくるクルマにピントを合わせてシャッターを切る。そのままクルマは近づいてくるので、その位置でさらにクルマにピントを合わせてシャッターを切る。この動作を繰り返すのが**連写**だが、このようなときに問題となってくるのがピント合わせだ。

撮影のときは一瞬ミラーが上がり、画面が見えなくなる。そのため、シャッターを切り終えて画面が見えるようになってから、さらにピント合わせをすることになるのだが、これだと画面が見えない間やピント合わせをしている間に、クルマは目の前を通り過ぎてしまう。

また、ピントが合ったと思った瞬間にシャッターボタンを押したとしても、シャッターが実際に切れるまで若干の時間差があるので、シャッターが切れたときには猛スピードのクルマにピントが合っていないことになる。1枚だけの撮影なら、置きピンでピントを合わせておいて、クルマがくると思った瞬間にシャッターを全押しすればいいが、連写となるとこの方法は使えない。

そこで登場するのが、デジタル一眼レフカメラについている**動体予測**という機能だ。キヤノンの場合は**AIサーボ**、ニコンの場合は**コンティニュアスAFサーボ**と呼ばれている。

キヤノンの例で説明すると、AIサーボ機能を指定して、AF（オートフォーカス）をし続けると、向かってくるクルマにピントを合わせ続けることができる。実際には何枚も連写するとピントがきていないものも出てくるが、シャッターボタンを押し続けていると、**またピントが合う**ようになってくる。なかなか優れた機能なのでぜひ利用するといい。

AIサーボ連写

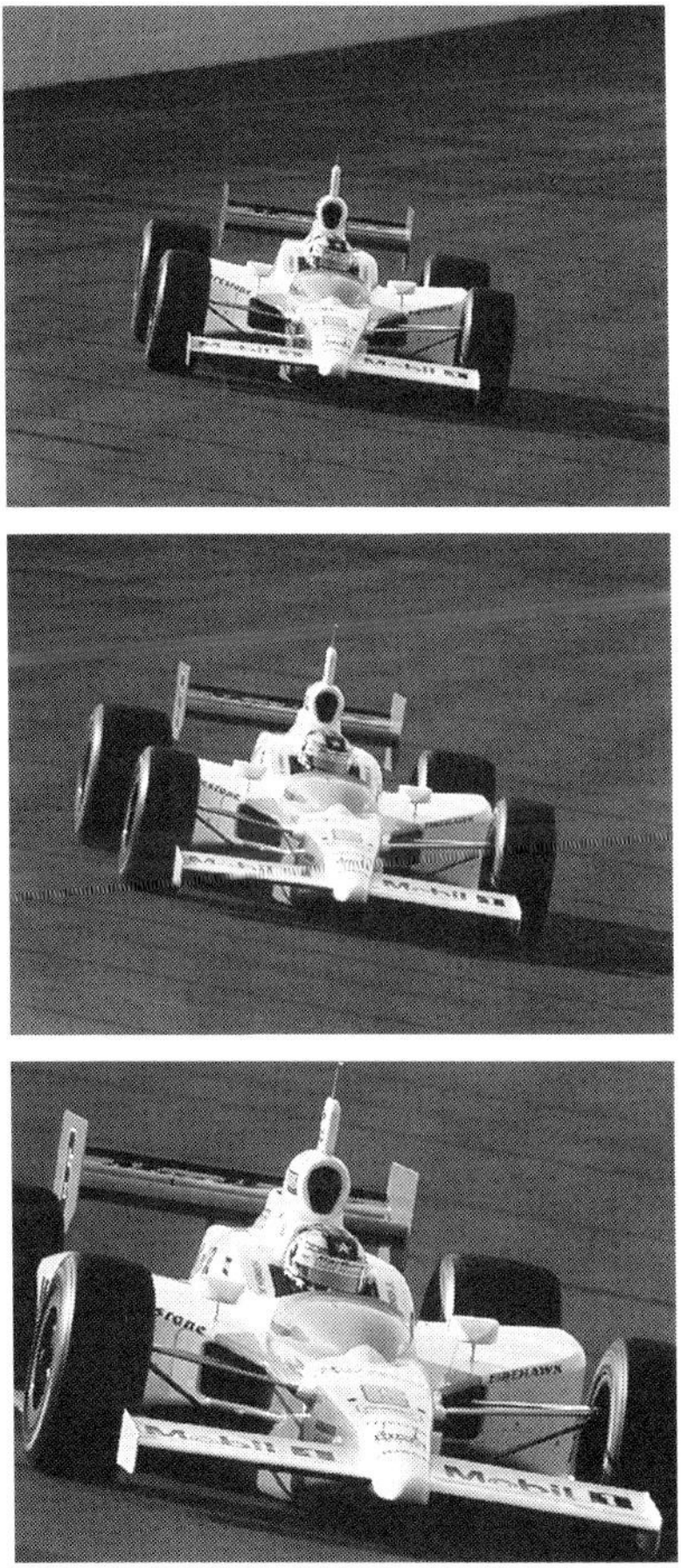

Tv（シャッタースピード優先）モード1/500秒で撮影。キヤノンのAIサーボは精度が高く、一度ピントが外れてもまたピントが合う

Q37 動くものを撮るときのシャッタースピードを教えてください。

A ブラさないように撮るには、**レンズの焦点距離を分母にして**シャッタースピードを考えるというのが一般的だ。例えば、キヤノンEOS Kiss Digitalに300ミリレンズをつけて撮影する場合、実質的な焦点距離は1・6倍になるので480ミリ。この焦点距離を分母にした1／480秒のシャッタースピードにすればいいことになる。1／480秒というのは設定にないので1／500秒でシャッターを切ればいいのだが、これはあくまで原則論。場合によっては、これでもブレることがあるので注意しなくてはならない。

だが、さらに注意しなくてはならないのは、動いているものを撮る場合だ。

プロペラ飛行機を例にとると、撮影したものがいかにピタッと止まっていてブレがないとしても、プロペラまで止まってしまっては、動いているものの感じが全くしなくなってしまう。多少はプロペラがブレていて、後はすべて止まっていてほしい。しかし、シャッタースピードが遅くなってくると、プロペラはブレすぎて消えてしまうので具合が悪い。加えて、離陸と着陸ではプロペラの回転速度が違うので同じシャッタースピードにはならない。飛行機を止めて撮る写真でも、動いている部分があるので判断が難しいのだ。

そうはいっても、なんの目安もないと初心者には撮りづらい。あくまで私の場合の目安だが、**プロペラ飛行機の離陸時**を撮影する場合、シャッタースピードは**1／500秒**。**着陸時は1／250秒**。**ヘリコプター**の場合にはもう少し遅い**1／125秒**ぐらいにしている。

クルマを撮影する場合も、いくら走っているクルマを止められても、高速で回転しているタイヤまで止まってしまっては、走っていないように見えてしまう。クルマが止まっていても、タイヤはブレていないとスピード感が出ない。

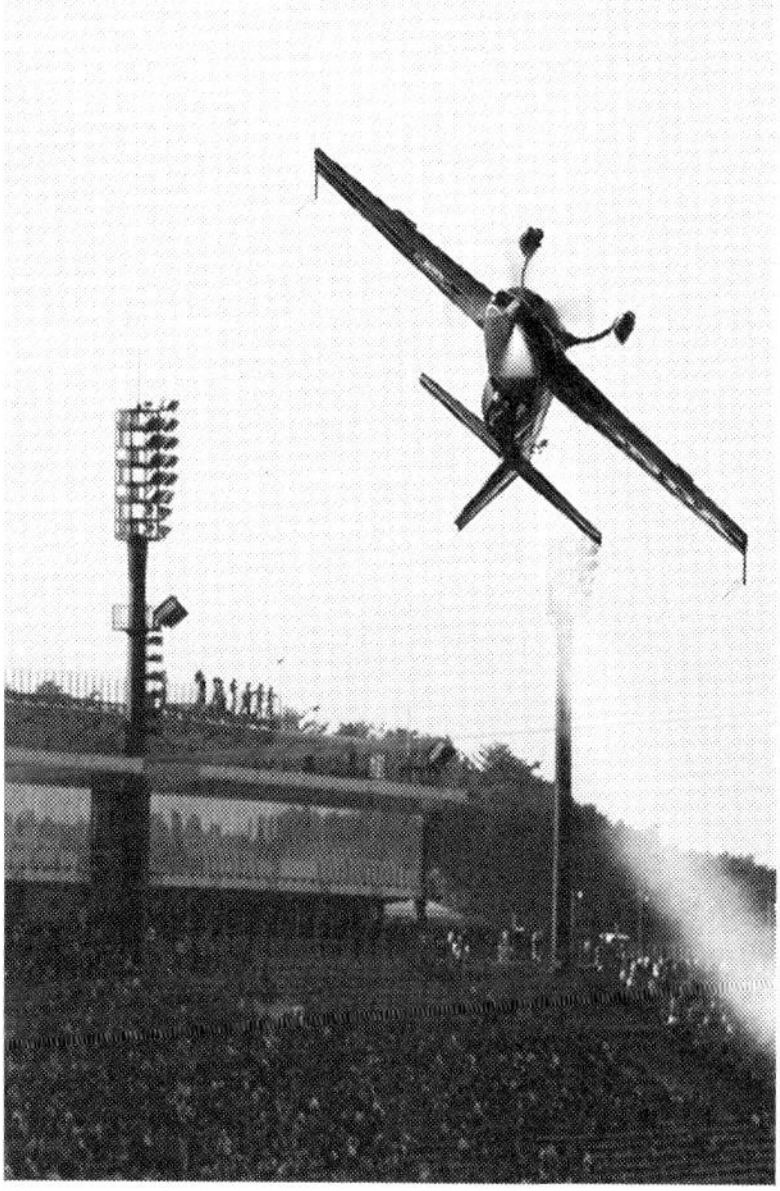

Tv（シャッタースピード優先）モード1/500秒で撮影。プロペラは適度に回転し、機体は止まって、躍動感ある写真になった

クルマは走行スピードやレースの種類によっても違う。まずは**1／250秒**あたりで1枚シャッターを切り、ブレの状況を見て、最終的な判断をするしかないだろう。

Q38 三脚を使えないときはどうしたらいいですか？

A **三脚**は**スローシャッター**を切らなくてはならないときに使われるという以外にも、**重いレンズ**を取り付けて長時間撮影のタイミングを待っていたり、**長いレースの時間**ずっとレンズを持ちながら撮影し続けなくてはならないときなどに利用される。

サーキットでレースの撮影をしたり、自衛隊の基地祭で戦闘機を撮影したりする場合も、重い望遠レンズを使うことが多いが、残念ながら**三脚が使えない場合がある**。理由は混雑していて、周りに迷惑をかけるから立てられないなどだが、場合によっては主催者がそれを見越して禁止していることもある。しかし、200～300ミリ、あるいは400ミリといった望遠レンズをずっと手持ちで撮影するのは辛い。重量もあるし、ブレの問題もあるからだ。

このように、必要であるにもかかわらず三脚を使えないときには、**グラスファイバー製の一脚**(いっきゃく)を使用することをおすすめする。アルミ製の一脚もあるが、軽さを考えると、多少価格は高くてもグラスファイバー製のほうがいい。

また、三脚が使える場合でも、携帯を考えるとやはり軽い一脚のほうが便利だ。カメラを保持するという意味でも、一脚にカメラを取り付けているだけで、全体の重さを支え続けるという負担を軽減できる。

使い方としては、スローシャッターを切る場合には、カメラを取り付けた**一脚を何かしっかりしたものに押しつけて撮影**する。こうすることで格段に安定感が増す。

普段の撮影では、一脚に取り付けただけでもカメラの上下動は防げる。望遠レンズを使用していないで、ブレていないように思うときでも、厳密な意味でブレないようにするのは、じつはなかなかたいへんだ。ブレ防止という点でも一脚はつねに使用してほしい機材だ。

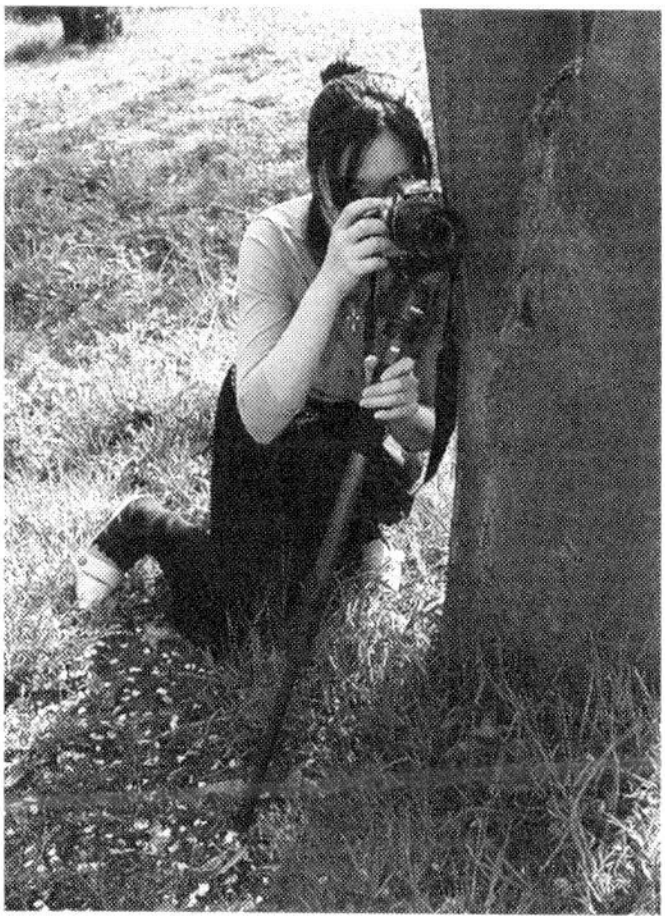

標準ズームレンズのときも一脚はカメラを安定させるのに便利。しっかりしたものに押しつければ安定度は格段にアップする

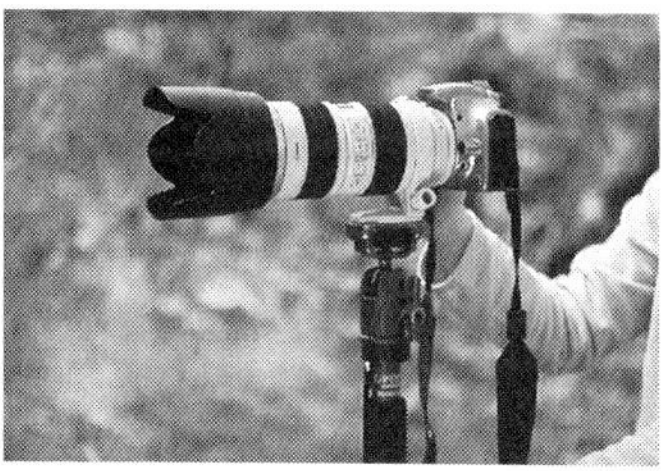

EF70-200mm F2.8L IS USMレンズでも1470gある。撮影のタイミングを待つときも一脚に取り付けているほうが楽だ

ISO（アイエスオー）感度は、どのくらいまで上げられるのか

動くものを撮影していると、なるべくシャッタースピードを上げたい。晴れていればそれも問題なくできるのだが、暗い状況下では速いシャッターが切れないことがある。暗いときはレンズの絞りを開放にしても、露光量が足りないからだ。

それでも少しでも速いシャッターを切りたいときはISO感度を上げるしかない。しかし、ISO感度を上げれば上げるほど、ノイズが出てしまい、画像が荒れることになる。

できるだけ感度は上げたくないが、撮れなくては話にならない。普段は設定できる最低のISO感度である100か200などで撮影していても、デジタル一眼レフカメラにはISO3200までもある。いったいISO感度はいくつまで上げられるか、考え込んでしまう。

ノイズの出具合はカメラによっても違うし、どの程度までノイズが許せるかという個人差によっても変わってくるが、これまでの経験ではISO400ぐらいまでは問題ないようだ。大多数の人は2Lサイズぐらいまでか、A4サイズまでしかプリントしない。こうした状況を考えると仮に**A4サイズ**ぐらいまで拡大するとしても、**ISO400**ぐらいまではプロでもそれほど**ノイズが気にならない**。常用として認められる範囲としていいだろう。

第六章　日常編

Q39 室内でも、顔色よく、きれいに撮りたいのですが……。

A 室内には、電球や蛍光灯など、いくつもの照明がある。蛍光灯のなかにもまた種類があるといった状況だ。ちょっとデジタルカメラに詳しい人だと、このように様々な照明のある条件下では、オートホワイトバランスで撮影したほうがいいと思っている。いろいろな光源がある場合にはオートホワイトバランスにしなさいと解説している本もあるからだ。

しかし、70ページで説明したように、**オートホワイトバランス**は、そこそこホワイトバランスがとれているという状況で、しっかりと色が出るというものではない。機種にもよるが、電球下では赤くなるし、蛍光灯下では緑がかった色の成分が写真には残りがちだ。結果、人の顔色もその影響を受けて悪くなってしまうのである。

室内光だけを利用して撮影する場合には、**マニュアルでホワイトバランス**をとりたい。カメラによってやり方は違うが、原則的には撮影以前に1枚**白い紙を撮影**する。この白い紙をホワイトバランスのターゲットになるように設定するもので、カメラの内部ではこの紙が白くなるように設定される。仮に裸電球で赤くなっているような状況だと、オートホワイトバランスで撮影すれば、この白い紙も赤くなってしまう。この白い紙が白くなるように撮影することで、ここでのホワイトバランスがとれ、全体に色の補正ができるようになる。

さて、室内光だけで撮影する場合、ホワイトバランスのほかにも、暗さの問題がある。そのため、**レンズの絞りはなるべく開放**にしよう。ただし、開放に近づけるとピントが合う範囲が狭くなるので、**ピント合わせはＡＦのときも、しっかり合っているか確認**してもらいたい。

また、絞りを開放にすると、この段階でシャッタースピードが決まり、カメラ内部に表示される。もしも、１／15秒のようにとても手持ちでは撮影できないような場合は、ＩＳＯ（アイエスオー）感度を上げていくしかない。上げれば上げるほどノイズが増えるが、ブレて使えなくなるよりはいいので、注意して撮影すればブレなしで撮影できる**１／30秒か１／45秒になるまでＩＳＯ感度を上げる**。広角レンズ側のほうがブレにくいので、**広角側で撮影するのもコツ**だ。

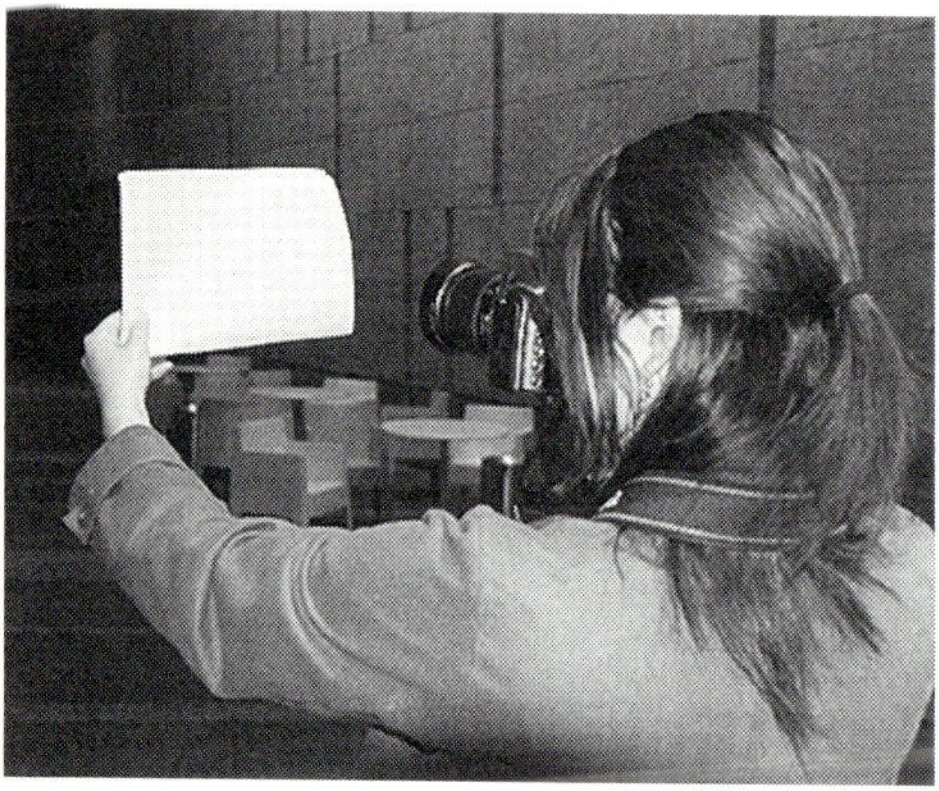

本番の撮影前に白い紙を撮影してマニュアルでホワイトバランスをとる

Q40 室内だと、どうしても顔に強い影が出てしまいます。

A 室内だと**天井のトップ光**などが直接顔に当たって、**鼻の下に大きく影**をつくることがある。これを防ぐには、人物全体に光が回っているところに**立つ位置を変えてもらえばいい**のだが、室内の場合、光が回っている場所は往々にして暗く、撮影場所には適さない。

また、全身などを撮影していれば、顔の影が強くても、そのほかの部分が広く写っているため、見るほうの意識も顔だけに行かず、それほど気にならない。しかし、**顔のアップ**の場合には、鼻の下の影はかなり気になるものだ。レフ板さえあれば、当然、影をなくすことはできる。だが、室内での記念写真やパーティ、結婚式の披露宴などでレフ板を使うというのも現実的な話ではない。

ウラワザ このような場合は、**ストロボを弱く発光**させてやることが有効だ。つまり、ストロボをレフ板代わりに利用するというわけだ。このとき、**撮影モードダイヤルは全自動にしない**こと。速いシャッタースピードでストロボが強く当たり、背景は暗く落ちてしまうからだ。現場の雰囲気を写すこともできなくなる。その場の雰囲気を残しつつ、背景も明るく写したいならば、室内でも**夜景ポートレートモード**に設定する。このとき手ブレには注意する。

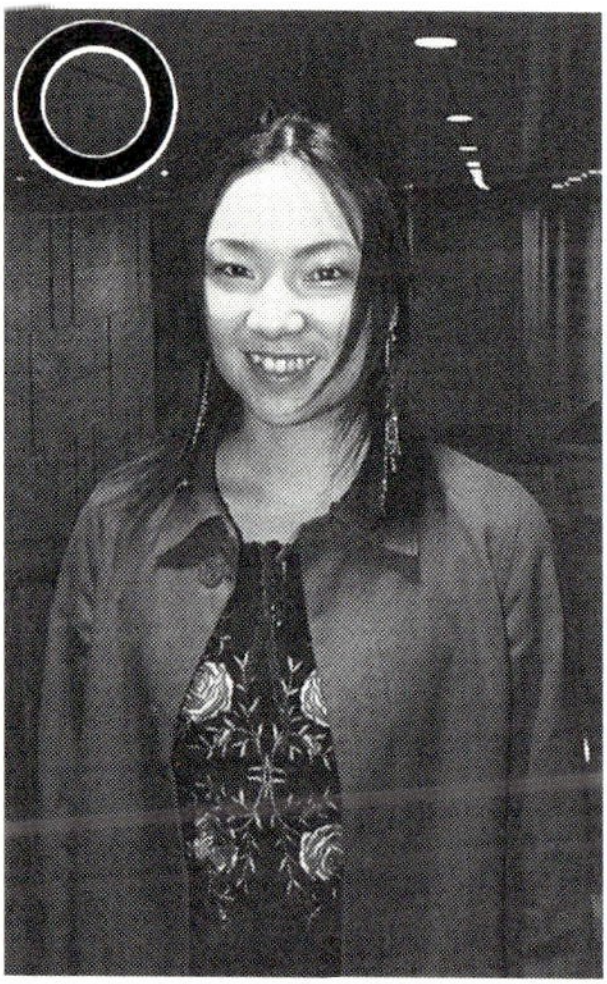

ストロボの発光で影が消え、背景も写っている。手ブレに注意

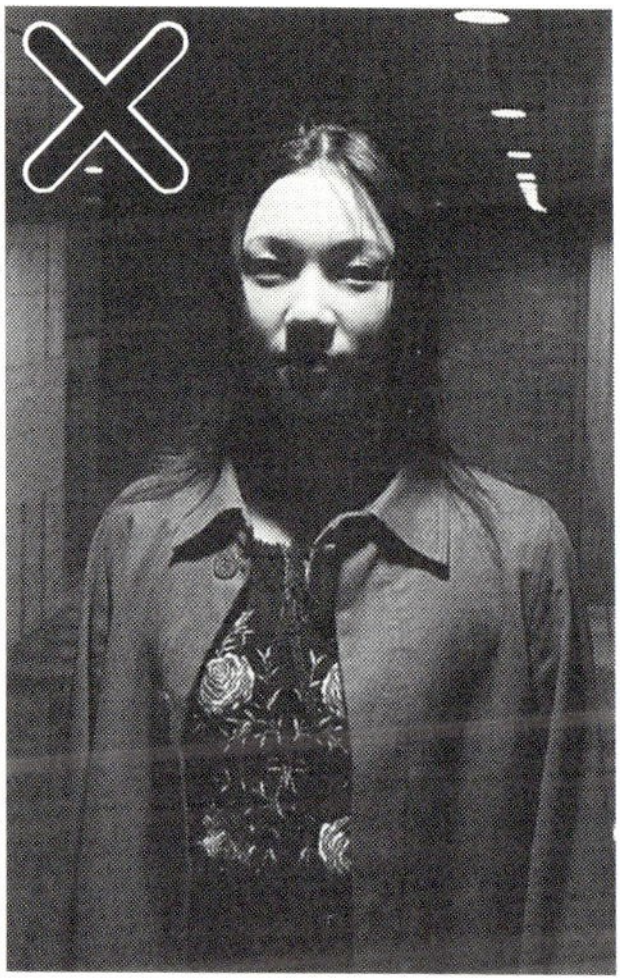

室内のスポット照明のみで撮影。顔に強い影が出て印象が悪い

ストロボをレフ板代わりに利用するのは、何も室内だけではない。屋外で顔に強く影が出ているときもこの方法は応用できる。

この場合の撮影のコツは、ストロボを強く発光しないことだ。光量が強すぎると、メインの光よりも強くなってしまい、いかにも人工の光源を当てたといわんばかりになる。

今のデジタル一眼レフカメラの測光方式では基本的に、**Av（絞り優先）モードにして内蔵ストロボを強制発光**させるだけで、かなりいい仕上がりになる。

機種にもよるので、**発光量は液晶モニターで確認**して調整しよう。

Q41 料理をおいしそうに撮影したいんですが……。

A 見栄(みば)えよく盛りつけて、美しい器やテーブルクロスなどで演出することは、おいしそうに見せるための第一歩だ。まず、料理の**盛りつけやセットをチェック**する。

次に大切なのは光だ。室内で撮る場合でも、照明を使うよりも**自然光**で撮影したほうが料理はおいしく見える。光も**逆光を選ぶ**ことだ。逆光とはカメラから被写体となる料理を見て、その後ろのほうから光が差し込む状態をいう。雑誌に掲載されている料理写真はほとんどが逆光で撮影されている。逆光で撮ると透明感があり、新鮮さが感じられるようになる。

もし、自然光があまり入ってこない場所に料理が置かれている場合は、テーブルごと窓際に近づける。ただし、ここで大切なのは**直射日光が料理に入るような場所には置かない**ということだ。**直射日光が入る少し手前に**料理を置く。さらに、逆光で撮影する場合には手前が暗く落ちるので、小さなレフ板を用意しておくことも重要だ。料理の手前側、暗くなっているシャドウ部を起こすためには、できれば**レフ板は2枚用意**したい。1枚はカメラから料理を見て右側に、もう1枚は左側に置けば、光が料理全体に均一に回る。

以上は、晴れている場合の撮影法だが、曇っているときは直射光がない。**曇天(どんてん)時には窓際**

までテーブルを持っていく。光も弱くなっているので、レフ板も白いものではなく**銀レフ**を使う。レフ板や銀レフは市販されているものもあるが、白いスチレンボードをホームセンターで購入してきて使用し、銀レフ用にはこれに銀紙やアルミホイルを貼りつけて利用する。レフ板はスチレンボード2枚をVの字形に貼り合わせ、自立できるようにしておくと使いやすい。

また、料理の撮影ではホワイトバランスにも気をつけたい。おいしそうな料理がそのままおいしそうな色に見えるように、**マニュアルでホワイトバランス**をとってもらいたい。

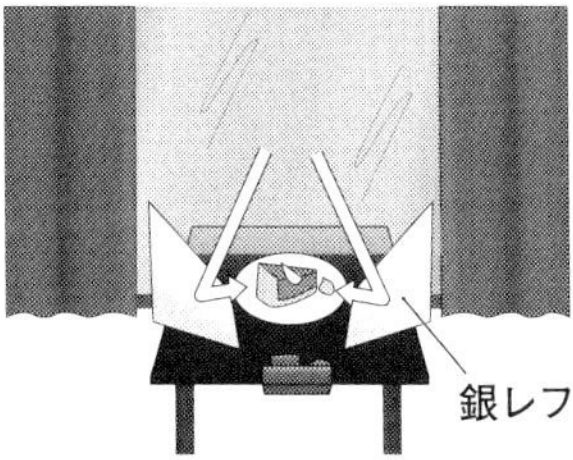

曇りのときは窓際にテーブルを移動させ、銀レフを左右に置く。晴天時は直射日光が入らない位置まで離して、白レフを使う

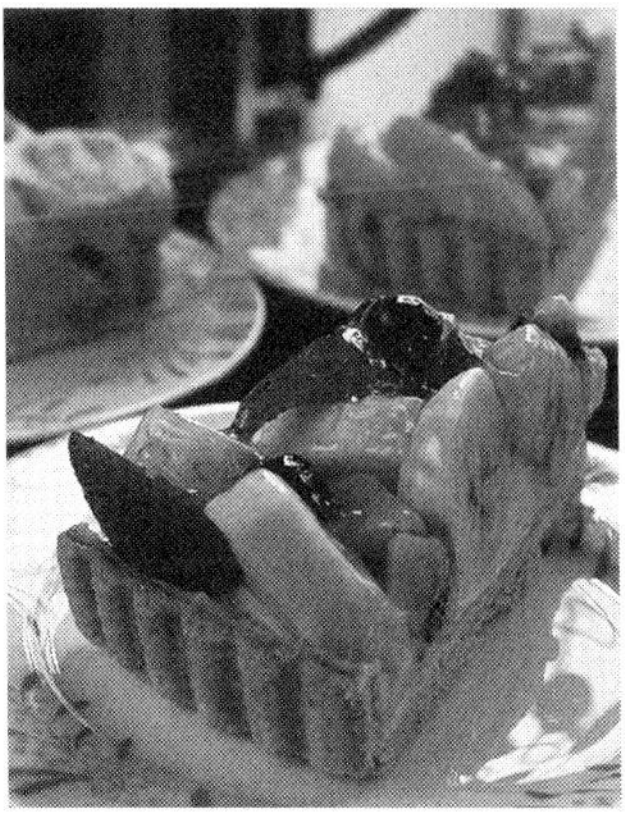

上の状況でKiss Digital 18-55mm F5.6レンズ Av(絞り優先) F5.6 ISO100で三脚を使用して撮影

Q42 手軽に夜景を撮れないですか？

A 夜の街を歩いていると、撮影したいシーンに出会うことがある。暗くなれば当然スローシャッターになる。こういうとき、三脚を携帯していれば問題はないが、持っていないほうが多い。そこでブレないように、少しでも速いシャッターを切ろうとレンズの絞りを開放にするが、それでもまだスローシャッターだ。しかたなく無理してシャッターを押してしまう。が、案の定ブレる。ということがあっても、三脚をいつでも持ち歩こうという人はほとんどいない。なんとか三脚を持たずに、手軽に精度の高い写真を撮影したい人ばかりだろう。

そこで、スローシャッターで撮影しなくてはならないこのようなときに、三脚代わりに何かしっかりしたものに押しつけて撮影するというテクニックを利用する。

これは何でも構わない。**公園のイス**に置いても、**建物**や**電信柱**に押しつけてもいい。だが、実際にやってみると、硬いコンクリートなどにカメラをそのまま押しつけては傷になる。傷にならないようにするには、カメラとの間にハンカチなどを挟んで工夫してもいいが、最大の問題はこれではフレーミングがしにくいことだ。

例えば、ベンチに押しつけて撮影しようと考えたとしよう。ベンチにハンカチを敷いてそ

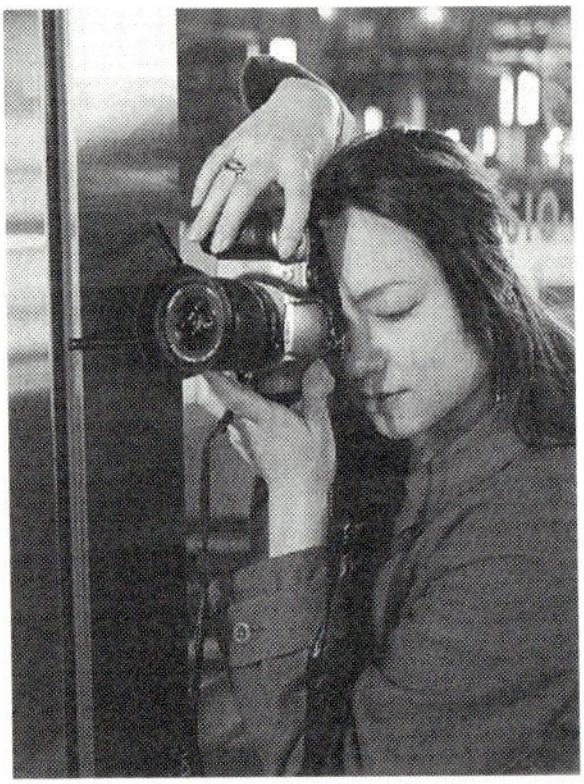

縦位置での撮影はミニ三脚を柱などに押しつける

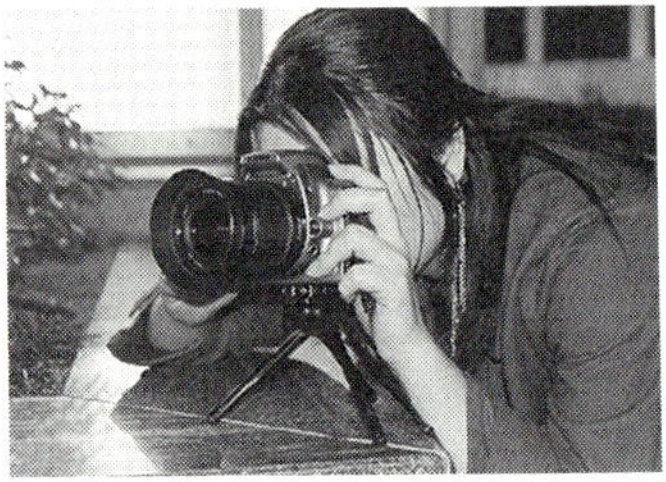

横位置での撮影はミニ三脚をテーブルなどに押しつける。両手でカメラを押さえながらシャッターを切る

こにカメラをのせる。しかし、このままではカメラの角度を上下に振ることはできない。ファインダーものぞきにくい。せっかくのテクニックも活用できない羽目に陥りやすい、というわけだ。

　こういうときに**ミニ三脚**があると便利だ。軽いので携行することに問題はない。このミニ三脚にカメラを取り付け、ベンチにのせれば上下の動きも問題ない。ファインダーも見やすくなる。

　ただ、ミニ三脚は三脚ほど頑丈ではなく、厳密にブレを止められるものではない。三脚のように使うのではなく、**これを利用しつつかならず何かに押しつけてシャッターを切る**ようにすること。セルフタイマーをセットしてシャッターを押した後、息を整えながらカメラを押しつけていれば、かなりのスローシャッターでもブレないと思う。

Q43 本や雑誌をきれいに複写したいのですが……。

A 四角いものを正確に四角く、歪(ゆが)ませないように撮影するのは、なかなか難しい。

歪ませないためには、まず**望遠レンズを使う**。ズームレンズの場合には、なるべく望遠側で撮影する。広角側で撮影すると、どうしてもパースペクティブがつき、四角い本が歪んでしまうからだ。ただ、床に背景用に白い紙などを敷いて望遠レンズで撮影しようとすると、立ち上がっても本や雑誌が入りきらない場合もある。こういうときは**脚立などに乗って撮影**する。

カメラを構える位置は**ちょうど真上**がいい。本や雑誌は少しでも斜めから撮ると、望遠レンズで撮影していても台形などに変形してしまう。

光は**自然光**がいちばんいい。室内の蛍光灯をそのまま利用したいかもしれないが、暗くてスローシャッターになってしまうし、全自動モードで撮影していると、ストロボが自動的に発光されてしまう。ストロボが発光すると、その反射が写って文字も見えなくなる。直射光を避け、均等に光が回るような位置（直射光をギリギリ避けた場所など）に置く。念のため、**ストロボも発光禁止**に設定しておく。

ウラワザ

また、紙面がラミネート加工されていて、自分自身が写ってしまうような場合には、**黒い紙を写し込む**。Ｂ４サイズ程度の黒い紙を用意し、中心に十文字に切り込みを入れる。ここにレンズを通してのぞき込むようにして本を撮影する。紙面の真上にカメラがきていれば、写り込みのないきれいな写真が撮れる。

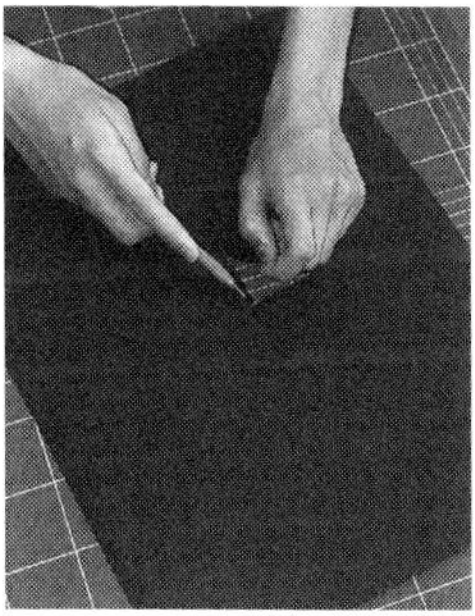
本の大きさによって違うが、Ｂ４サイズ程度の黒紙を用意して中心を十文字に切る

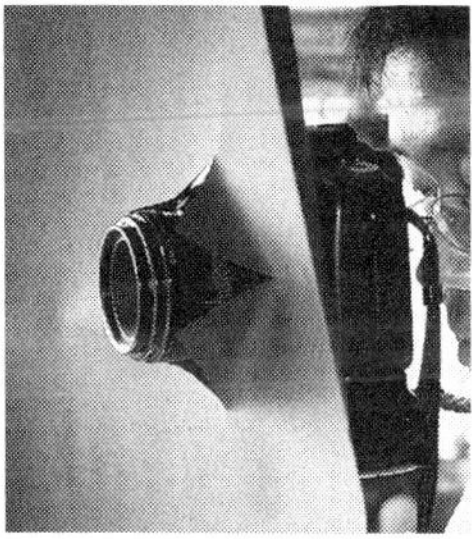
切り込みの穴にレンズを通し、紙がずり落ちないようセロハンテープなどで固定する

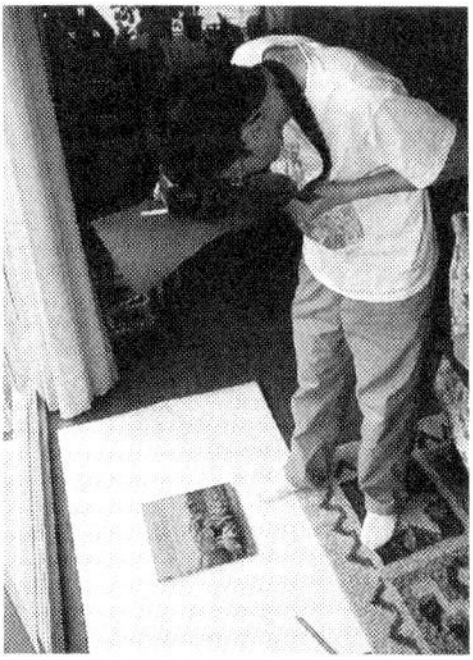
本の真上にカメラを構え、自然光で撮影。ストロボは発光禁止、直射光は避ける

Q44 ショーウィンドウのなかを撮影したいのですが……。

A ショーウィンドウの撮影でいちばん気になるのは、ガラスへの映り込みだ。ショーウィンドウには撮影者である自分だけでなく、周囲のいろいろなものが映り込んでいる。

まず昼間、ショーウィンドウの正面に自分が映っている場合の撮影法から説明しよう。

この場合の映り込みは、**自分が立っている場所が明るい**ことによって起こる。これが夜間でこちら側がすべて暗くなっているときは映り込みはない。

解決するには、まず**立つ位置を変える**。黒い壁のようなものがショーウィンドウの正面になる（**黒い壁を写し込む**）ような位置関係に移動する。もし、黒いものがこちら側にない場合には、**ショーウィンドウのガラスにレンズを密着**させて撮影する。このときレンズとガラスとの間にすき間がないように注意する。すき間があるとそこから光が入ってきれいには撮れない。夜間でもカメラ側が明るい場合は同様にして撮る。

ただし、こうして撮る場合に、なかの商品がガラスから近いと、どうしても広角レンズを使うしかない。広角だとパースペクティブがついてしまい、その歪みが気になる場合もあるので、**広角レンズで撮るときは、なるべく正面から撮影**できるようにカメラを移動させる。

夜間撮影で商品に強いスポットライトが当たっている場合、明暗差が気になるときには**内蔵ストロボを発光**させる。ちょうどレフ板を当てるようなもので、これで解決できる場合が多い。ストロボを使う場合、**とくにガラスとレンズのすき間をつくらない**ように注意する。

黒っぽい場所を写し込む

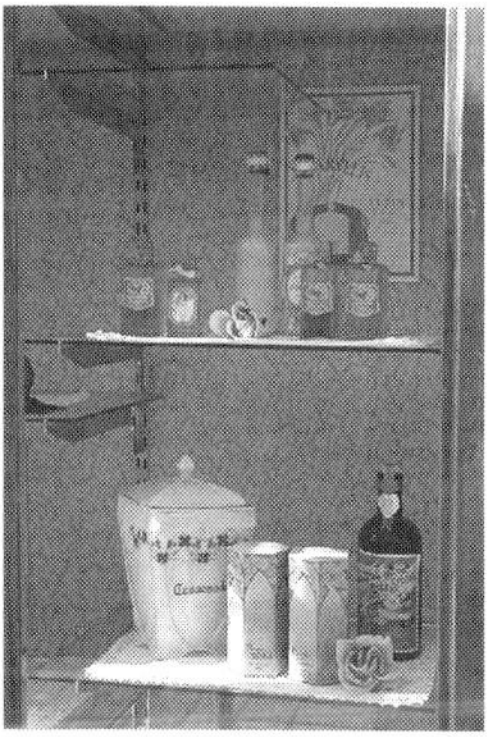

黒っぽい場所がショーウィンドウに映り込むように移動して撮影した

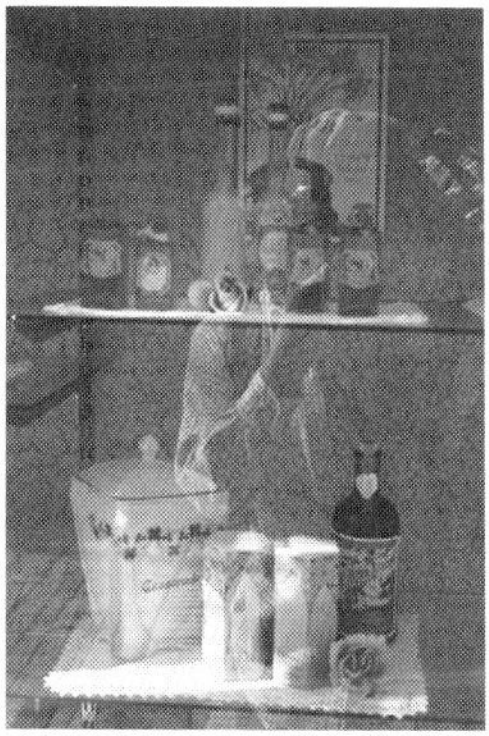

カメラ側が直射光の明るい場所なので、撮影者がガラスに映っている

明暗差をストロボで補う

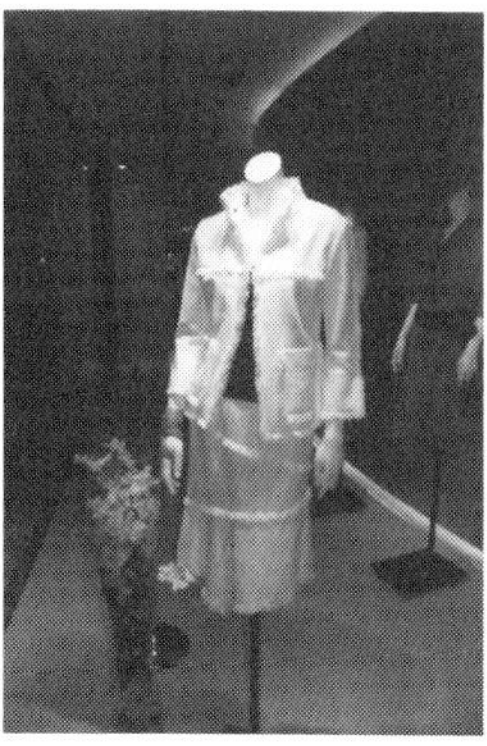

内蔵ストロボを発光させて、強く出ていたコントラストを軽減して撮る

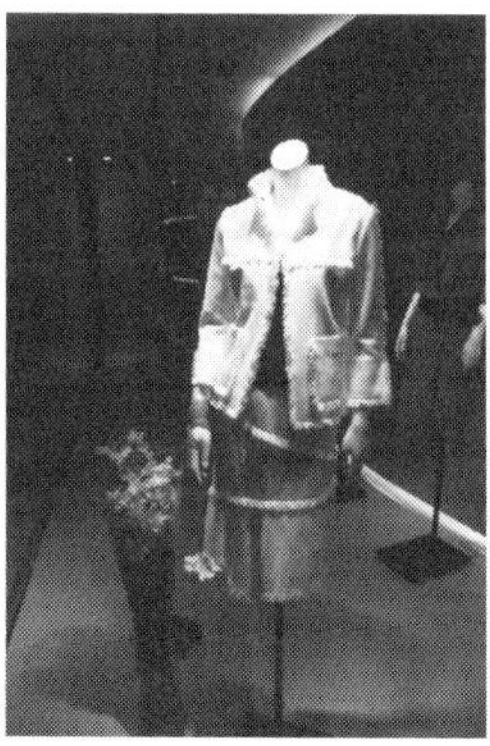

ガラスにレンズを密着して撮っても、スポットライトで明暗差が気になる

Q45 暗くても撮りたいときは、ストロボを使うしかないですか？

A ストロボを発光させると、不自然な雰囲気になることが多い。デジタル一眼レフを使い慣れてくると、周囲がだんだん暗くなってきたとき、単純にストロボばかりを使いたくないと思うようになるだろう。ISO（アイエスオー）感度を上げる方法もあるし、少し詳しくなるほど、どうすべきか迷うかもしれない。

こういうときは、**屋外**か**室内**か、あるいは**スナップ写真**か**風景**か**人物**かなど、撮影している状況や被写体によって判断する。

まず**屋外**の場合だが、**スナップ写真**は雰囲気が大切なのでストロボは使わないほうがいい。迷わずISO感度を上げるべきだ。感度を上げるとノイズが増えるが、スナップをしているのであれば、ノイズが増えても撮影できるに越したことはない。ISO1600ともなるとさすがに画像は荒れてくるが、撮れることを優先すべきだろう。

しかし、**屋外**でも**風景写真**となると話は別だ。風景写真はやはり自然が持っている静謐（せいひつ）な印象を大切にする。ノイズは基本的にはないほうがいい。2Lサイズのプリントレベルだとわからないという意味ではISO感度は400ぐらいまでがいいところだが、プロ並みにプリントしたいなら、そのカメラで利用できるもっとも低感度で撮影したい。ストロボももちろん使わないほうがいいため、スローシャッターになる。三脚やレリーズはどうしても必須アイテムになるが、いい風景写真を撮りたい場合には、いつもこれらを準備しておくほうがいい。

室内で**人物**を撮影する場合で、その場の臨場感などはどうでもいいが、とにかくしっかりと写っていればいいという場合には、**全自動**のモードで撮影する。

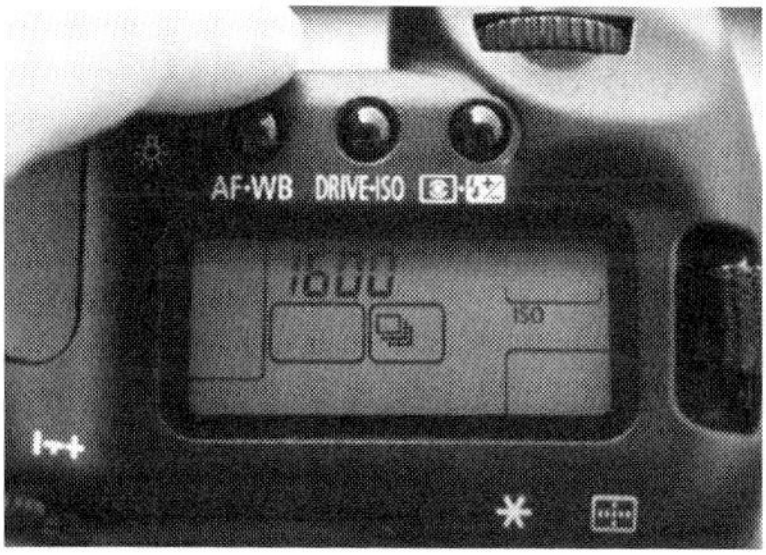

通常の設定ではISO400ぐらいまでだが、とにかく撮れていることが優先される場合にはそれ以上に上げる

反対に、**室内の光**を大切にしてその場の印象を撮影したい場合は**ISO感度を上げる**。ノイズが増えてもストロボで不自然になるよりリアリティが大切だからだ。

ただ、室内の照明は一様ではない。顔にあまりきれいでない影が出るときや、フラットな光で顔がシャドウ部になるときは、**別の光源**を利用したほうがいい。内蔵ストロボを利用する場合は、撮影モードは**夜景ポートレートモード**を選ぶ。しかし、この場合は背景となる部分を露光させるためにスローシャッターとなる。当然ブレやすくなるので、**ブレ対策**は忘れずにとる。

Q46 ネットオークション出品用に写真を撮りたいのですが……。

A 最近、ネットオークションで不用になったものを売る人が増えている。なかには新品のものもあり、市価より少しでも安く買いたいときには、まずネットオークション上で探すという話もよく聞くようになった。あるネットオークションでは、出品数は常時500万点以上だというから、当然の話なのだろう。

ネットオークションとは、通常のオークションと同じで、それをネット上で行う競り売りのことだ。入札者は、商品の写真と説明文をネット上で見て、入札したいかどうかの判断をする。ここでは説明文も大事だが、写真はもっとも大切な判断材料だ。例えば、まったく同じ説明文のついた商品があったとしても、**見栄えよく撮られた写真のほうを買いたくなる**からである。また、せっかくの新品なのに写真がヘタなために落札価格が上がらなかったら、損をしたような気分にもなるにちがいない。

妥当な落札価格を得る、あるいは落札価格が上がる**商品写真を撮るコツは背景**をつくることだ。手軽に自宅の床やテーブルの上で撮っているような写真があるが、これでは商品も大切にされていた感じを受けない。また、部屋の様子が見えるようでは生活感がありすぎだ。

商品をシンプルに美しく見せるには**白い背景**をつくる。

それには、画材店やカメラ量販店などで売られている**白いケント紙**を利用するといい。撮影したい商品の大きさにもよるが、A2かB2サイズくらいのものが使いやすい。白い紙でも画用紙は凹凸があるし、カレンダーの裏紙などでは反射もある。何回も使い回せるので、ケント紙は1枚買っておくと便利だ。証明写真を撮る場合の背景としても使える。

ただし、使い方は商品によってひと工夫することが大切だ。

サイフなど**背の低い商品**は、ほぼ真上から撮る。この場合にはケント紙を床やテーブルなど**平らなところに敷く**。しかし、ボストンバッグのような**背の高い商品**のときは**斜め上**、あるいは**真横**から撮る。同じようにケント紙を平らに敷いてしまっては背景が切れてしまう。こういう場合には、側面を何かで支えて**L字形に置く**。

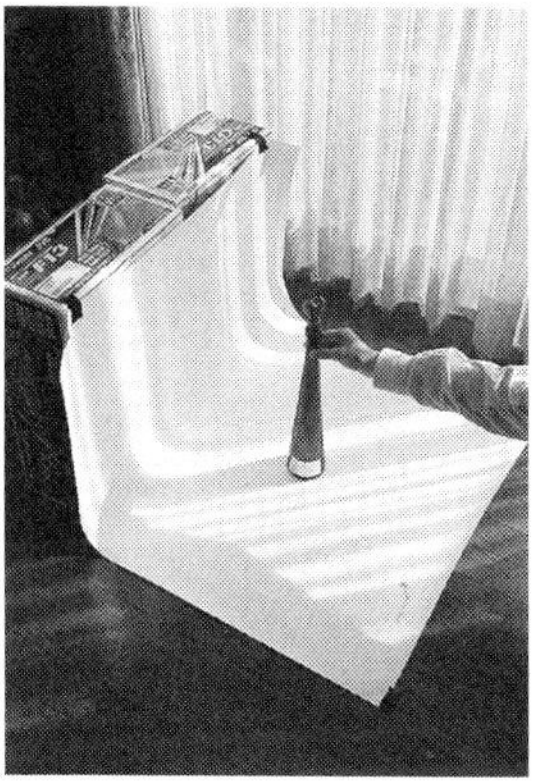

背の高い商品の場合にはケント紙をL字形にして撮る

そうすれば背景も切れないし、1枚で済ますことができる。白っぽい商品のときは、**グレーや黒などの紙**を同じように使う。慣れてきたら、**布や英字新聞**などを使っても面白い。

ウラワザ

Q47 商品の形がよくわかるような撮り方を教えてください。

A 商品撮影をする際には背景をシンプルに処理することも大切だが、その前に、商品そのものの形をきれいに整えることが大前提になる。

デパートの商品売り場に行けばわかるが、バッグには形がきれいに見えるようにかならず詰め物が入っているし、洋服はマネキンやトルソー（胴体の人型）に着せられている。商品を売りたい場合には、その形がよくわかり、なおかつ**きれいに見えるような演出**が必要なのである。これはそのままネットオークション用などの商品写真を撮る場合にあてはまる。

例えば、**バッグ**のなかには新聞紙などを丸めたものを入れて、持ち手やベルトなどもきれいに見えるようにセットする。**ドレス**や**コート**などはできれば**トルソー**に着せて、実際に着たときの感じを見せる。ほかの服とコーディネイトした状態で見せるのもいい方法だ。ふつう、ネットオークションでは1つの商品につき3点まで写真がのせられるので、同時に後ろ向きの写真も撮っておくといいだろう。トルソーはネットオークションで何千円かで購入できるそうだが、なければ**ハンガー**に掛けるだけでも雰囲気が伝わる。

腕時計を撮る場合にも専用の市販品がある。腕に巻いたときの状態にできる**シーリング**というものだが、撮影用品店などで1000円以内で買える。これもない場合には、丸くなった適当なサイズのきれいな石を拾ってきて、そこに時計を巻いて撮ってもいいだろう。とにかく、腕につけた状態に近づけることだ。

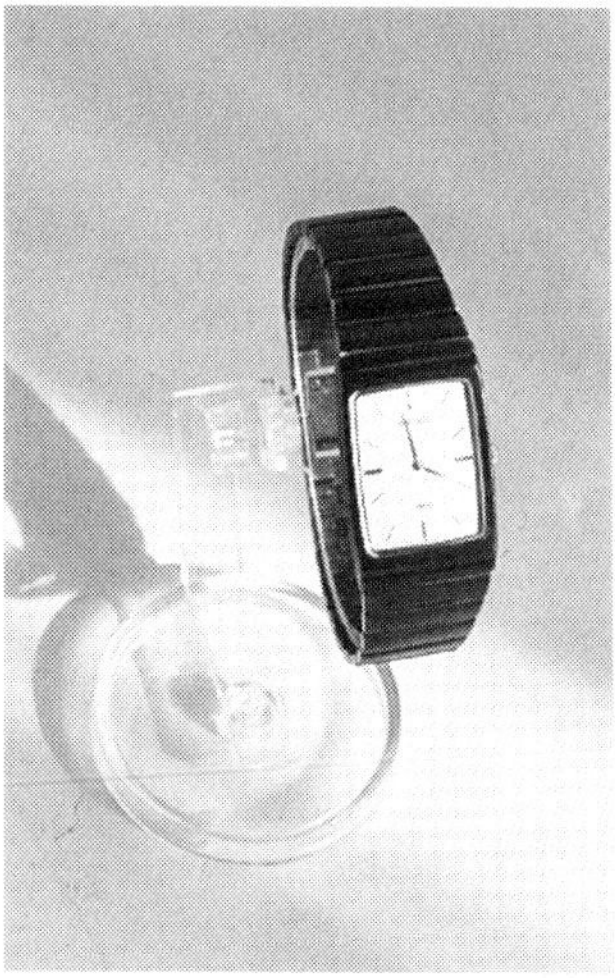

時計の文字盤がセンターにくるようシーリングにセットする

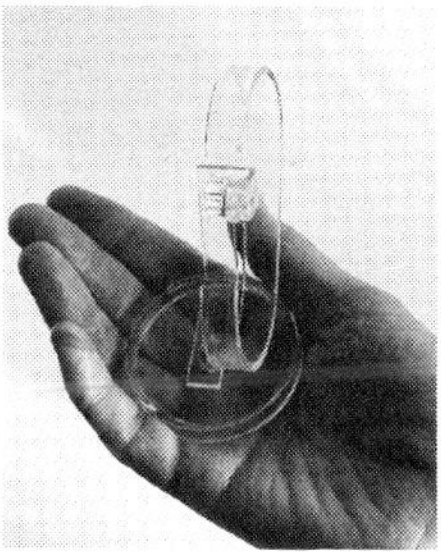

シーリングはディスプレイ用品店などにある

また、指輪の場合には、ケースに入れたまま撮るのではなく、**グルーガン**（接着剤をつける器具）で指輪にピンをつけ、きれいな布をかけた梱包用の発泡スチロールなどに刺して撮る。グルーガンの接着剤なら撮影後、指輪に傷をつけずに簡単にピンを外せる。

日頃から、商品カタログや売り場で、どんなふうにディスプレイされているかを見ておいて、手に入りやすい小物で演出するアイディアを考えておくようにするといい。

Q48 小物を印象的に撮るには、どんな光がいいですか？

A ネットオークション上の商品写真などを見ていると、室内でストロボを発光させて撮影した写真が多い。室内が暗いとき、全自動撮影モードで撮ったためにストロボが自動発光してしまったのだろうが、これでは商品に立体感がなくなる。なかにはストロボの反射で商品がわかりづらいものもある。

商品など小物を撮る場合には**自然光**がいちばんきれいに撮れる。まず、**ストロボを発光禁止に**設定することだ。そのうえで、自然光を利用するために窓際に小物を移動させる。天気がよく直射日光が入っている場合には、レースのカーテンを引くか、トレーシングペーパーを窓に貼って**面光源のやわらかい光**をつくる。あるいは直射光が切れる位置まで小物を動かす。ただし、北側の窓や曇りや夕方など、弱い光のときは窓際に小物を置くだけでいい。ちなみにトレーシングペーパーは撮影用品売り場などで、約80センチ幅で20メートル巻きのものが2000円以内で手に入る。

次に光の方向だが、順光といってカメラと同じ方向から当たる光がいいと一般的には思われているようだが、これだと影は出ないが平面的な写真になる。小物などの商品だけでなく、人物や花などほとんどすべての被写体に対しては、順光以外の光のほうが印象的に撮れる。具体的にいうと、被写体の横方向から当たる**サイド光**や斜め後方から当たる**半逆光**、後ろから当たる**逆光**などである。サイフのような**平らな小物には逆光**から**半逆光**、**背の高いものにはサイド光**から**半逆光**がおすすめだ。

最後に、いい光に仕上げるために必要なのが**レフ板**である。レフ板はシャドウ側の画面ギリギリの位置で、カメラになるべく近いところに置くのがベスト。レフ板を使って暗くなっていたところを明るくし、全体に光を回す。曇りのときは銀レフ、逆光のときは左右2枚使うといい。

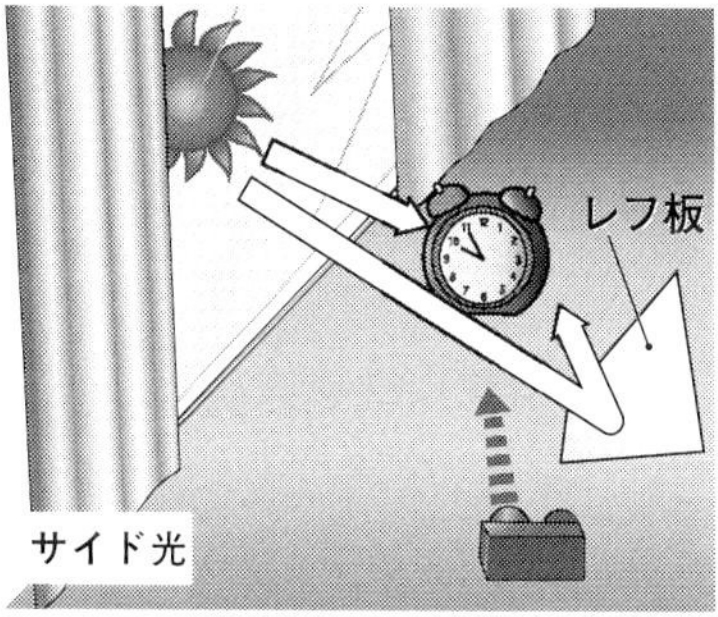

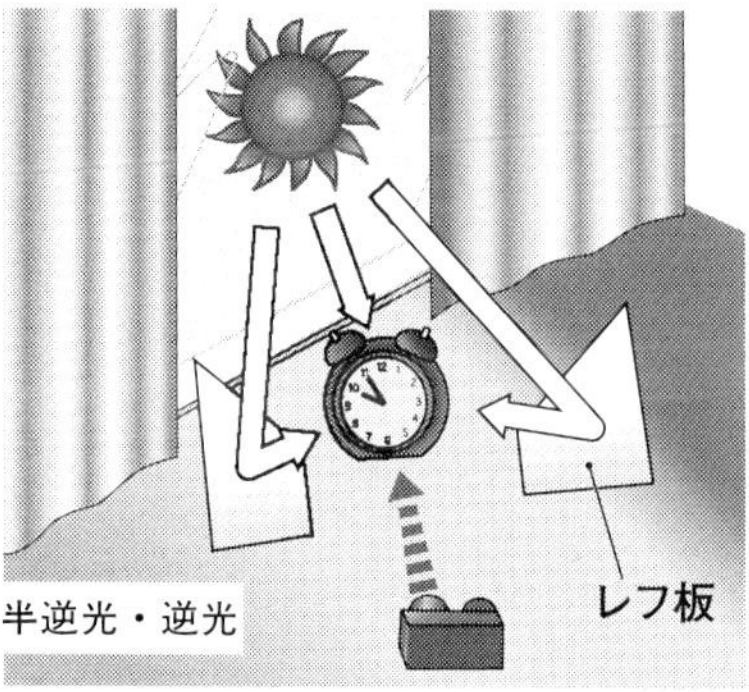

光を商品に当てるためには、小物のところに顔を持っていき、そこからレフ板を見てレフ板を動かし、まぶしく感じる位置に置く

Q49 商品の色が正確に撮れなくて困っています。

A ネットオークションが盛んになってから、この手の質問をされることが多くなった。デジタルカメラの普及とともに、これまでプロカメラマンが撮っていた商品写真を多くのビジネスマンやアマチュアが撮るようになった。こういう悩みを抱えている人は、ほかでもずいぶんと多いはずだ。

色の問題は、「**黒と白がグレーになる**」ことと、「色が転ぶ」**カラーバランスの問題**に大別される。

黒と白がグレーになる。つまり、**白い商品を撮ると暗くなり**、**黒い商品を撮ると明るくなりすぎる**場合は、**露出補正を調整する**。カメラに内蔵されている露出計は、光が被写体に当たって反射した光量を測定し、反射率が18%のグレーになるよう設定されている。そのために白でも黒でもグレーにされてしまうのだが、こういうときは撮影画像と**ヒストグラム**を見ながら、露出をプラス方向、あるいはマイナス方向に適宜補正してやる。

カラーバランスが崩れ、商品の**色を正確に撮れない場合**には、**マニュアルでホワイトバランスをとる**。全自動撮影モードだと、ホワイトバランスも自動的にオートに設定されている。

デジタル一眼レフカメラのホワイトバランスの設定には、**マニュアル**という項目がある。そこに設定を替えて、本番と同じ撮影状況でまず**白い紙を1枚撮る**。その後は機種によってやり方は異なるが、その画像を色の基準として選択することで、本番の撮影を正確な色に近づけることができる。

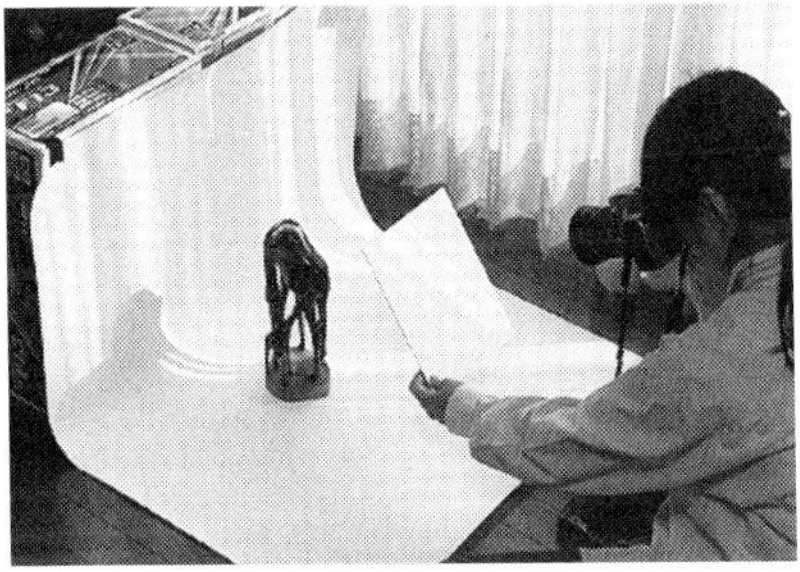

マニュアルでホワイトバランスをとるためには白い紙を撮影。画像選択し色の基準とする

しかし、これでも正確な色にならない場合には、73ページのようなツールを使う。もともとデジカメは被写体に忠実ではなく、発色のいい色に仕上がるように設計されている。マニュアルホワイトバランスでも100％正確な色にはならないからだ。

だが、これでもパソコンのモニターで見たら、色が違う場合が出てくる。じつは、これは撮影のしかたの問題ではなく、モニターのほうの問題だ。きちんとモニターが調整されていないからである。詳しいモニター調整法は182ページにあるが、それをしていないとせっかく忠実な色で撮影しても、モニターが忠実に再現してくれない。このことはぜひ覚えておきたいポイントである。

市販の撮影セットが大人気!

カメラ量販店の撮影用品売り場では、最近、急速に売れ出した商品があるそうだ。それが**自宅で手軽に商品撮影できるキット**だ。プロカメラマンならスタジオでもっと大掛かりなセッティングをして撮影するから、こういう撮影キットのようなものを買う必要はない。いかに、プロではない人たちが商品撮影をどんどんするようになっているかがここでもわかる。聞いてみるとやはり、**飲食店のメニュー用**の料理写真や**ネットオークション用**の商品写真、**自社ホームページ用**の製品撮りなどに使う人が多いという。

確かにこういうものがあればプロ並みのライティングが簡単だし、廉価でコンパクトなのも有り難い。セットワークスジャパンから出ている**フォトキューブミニ**は、横44×高さ48×奥行き44センチ。収納時は直径20センチで厚み7センチほどの円形になる。また、ケンコーから販売されている**ディノューズBOX**は直径32×高さ30センチの円筒形で、収納時は直径32センチ、厚み2〜3センチ。どちらもさらに大きいサイズのものがある。

●撮影セットの紹介サイト
セットワークスジャパン（株）…http://www.setshop.co.jp/
（株）ケンコー…http://www.kenko-tokina.co.jp/

第七章　トラブル編

Q50 なぜかわからないけど、変に写るんですが……。

A アマチュアの人と一緒に撮影に行くと、「急に写真が変になったんですが、どうしてかわかりません。ちょっと見てください」という人が、ときどきいる。

原因は、デジタル一眼レフカメラに少し慣れてきたので撮影の意図に合わせてカメラの設定を変えたのだが、時間が経ってそのことをすっかり忘れてしまっていた、あるいは、知らないうちに何かのはずみで設定ボタンが動いてしまっていた、ということが多い。本人に何を変更したかという記憶がないので、どの設定を直せばいいかもわからないらしい。

このような状態になったとき、とりあえず大きなトラブルを避けるために**チェックすべき設定箇所は5つ**ある。変になっていない場合でも、ときどき確認する必要がある箇所なので覚えておこう。

第1は撮影モードダイヤル。M（マニュアル）になっているとき以外は、そんなに問題はないが、Mになっていると適正露出でなくなっている場合が多い。どの撮影モードにしたらいいのか迷ったときは、初心者は**P（プログラム）や全自動モード**にしておく。

第2はファイルサイズや圧縮率。この設定も無意識のうちに動いてしまっていることが多い。撮影後の液晶モニターを見ただけではわからないが、ときどき確認が必要な箇所だ。あとのことを考えると、**大きなサイズで撮影しておいたほうが汎用性**（はんようせい）がある。

第3は**ホワイトバランス（WB）**。撮影はできるが、色がおかしくなっているときはここがあやしい。どの設定か迷ったら**オート**に設定するのが無難だ。

第4は**AF（オートフォーカス）モード**。キヤノン製ではレンズについているこの設定がMF（マニュアル）になっていると、レンズのピントが全く動かない。シャッターボタンをいくら動かしてもダメなときはここを確認し、AFに切り替える。ピントグラスはつねに気にしていてほしい。

第5は**露出補正**。液晶モニターで見たとき、撮影画像が極端に明るくなっていたり、暗くなっている場合はここを疑えばいい。0に戻すか、設定したい値に変える。

以上の5ヵ所を順番に見ていけばいいのだが、ひと通り確認する時間がないときは、**カメラ設定初期化**を選択するという手もある。カメラの機種によるが、これにするとメーカーから出荷したときの初期状態に戻せる。

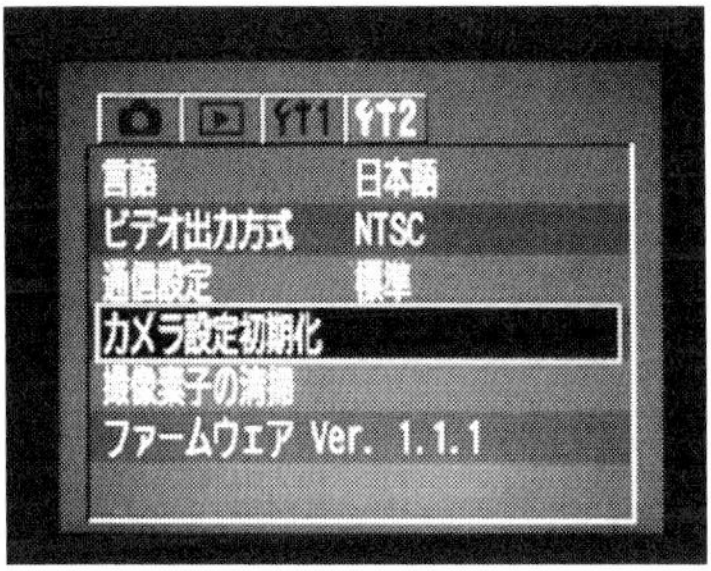

メニュー項目から「カメラ設定初期化」を選択すると露出0、オートWB、JPEGラージの初期状態に戻る

Q51 何もしていないのに、写真が真っ白になってしまいました。

A こういう場合のほとんどは、露出補正の設定を無意識のうちに触ってしまっている場合が多い。おそらく、知らない間に＋2、＋1など極端にプラス側に補正が動いてしまっているせいだ。単純に、**露出補正を0**に戻せばいい。

だが、初心者のなかにはなぜそのように補正するのか理解していない人もいるだろう。ここでしっかりと露出補正について理解しておこう。

カメラの露出計の基本は、黒いものも白いものもすべて18％の反射率のグレーにするというのが原則。したがって、白い雪もグレーの雪に、濃度の濃い森も明るいグレーの森と変わってしまうことになるが、最近のデジタル一眼レフカメラはこのような問題点をなくし、適正露出になるようにカメラ側で演算をしている。しかし、それでもすべてのシーンで100％適正露出にはならないので、露出補正はしっかりと理解しておかなくてはならないのである。

プラス側に補正するというのは、光をそれだけたくさん撮像素子(さつぞうそし)に入れるということなので当然**明るくなる**。また、**マイナス側に補正**するということはその逆で、光を撮像素子に入れないということなので当然**暗くなる**。いろいろ難しく考えるとどちらに補正したらいいか迷うこともあるので、難しく考えずに、**明るくしたいときはプラス補正、暗くしたいときはマイナス補正**と単純に覚えよう。補正の度合いについては、慣れないうちは**1／3単位で補正**する。補正が足りなければ、2／3、1と度合いを強めていけばいい。

補正前

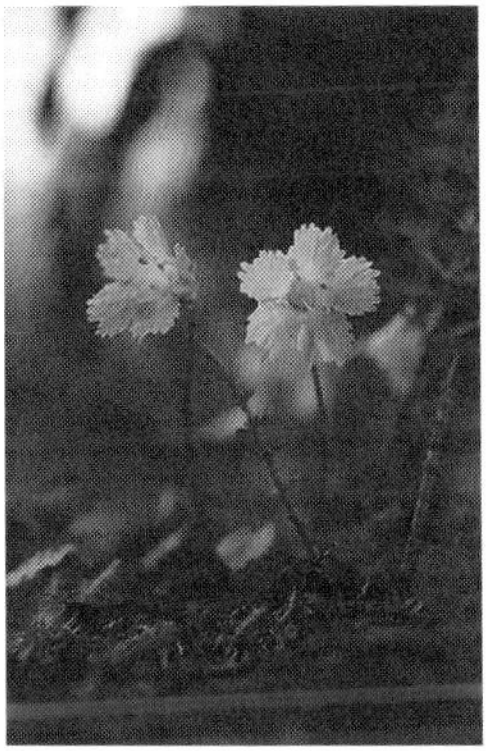

花と背景の白い部分がとくに明るかったせいか少しアンダー露出になった

補正後

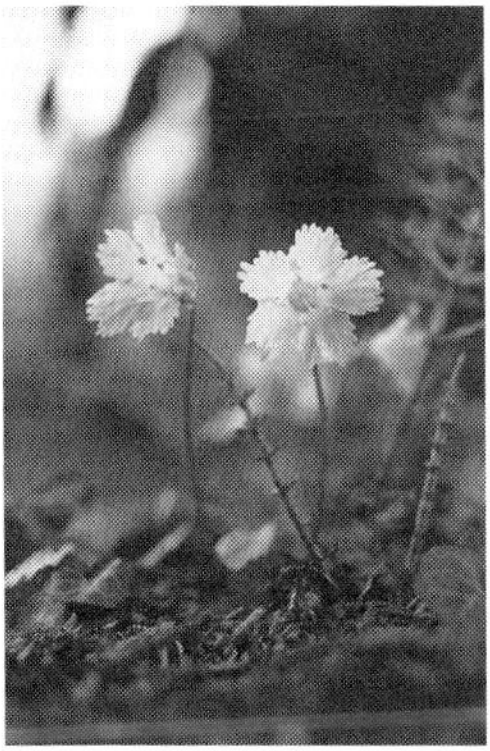

＋2/3絞り補正して適正露出にした。暗くつぶれたところがなくなった

補正前

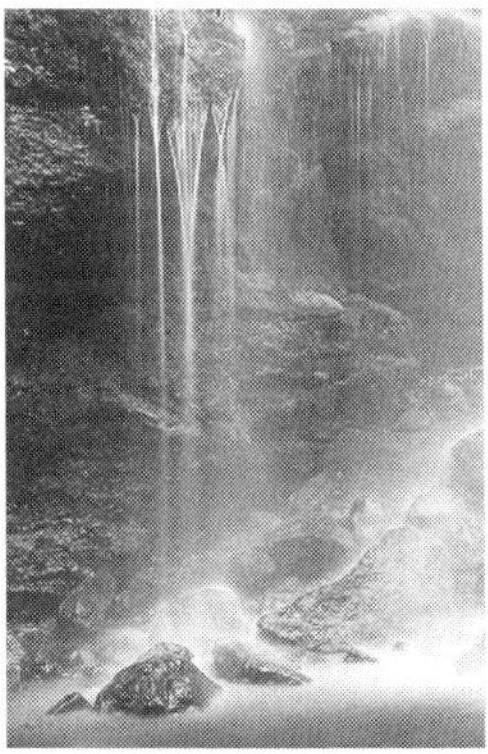

1秒間で滝を撮影。滝の白い流れと背景の黒い岩の影響でオーバー露出

補正後

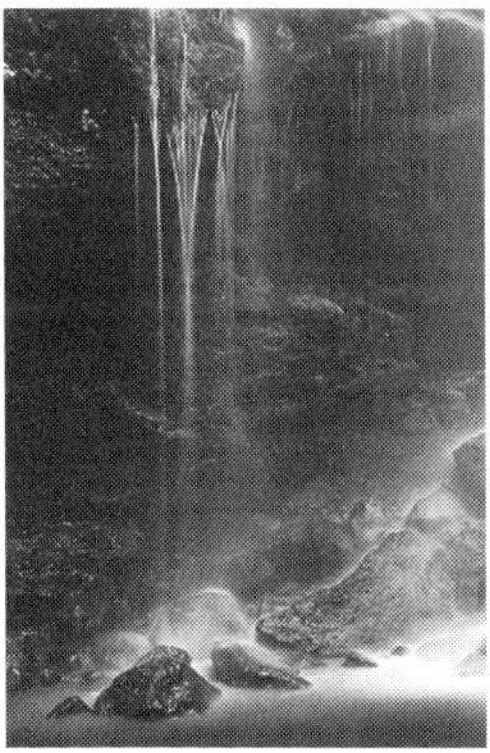

－2/3絞り補正。岩の黒が適度に締まり、滝の流れもはっきりしてきた

Q52 ピンボケすることがあるのは、どうしてですか？

A ピンボケ写真が撮れてしまう理由は2つある。

1つ目は、レンズの最短撮影距離より被写体に近づいて撮っているためだ。レンズにはそれぞれ最短撮影距離というものがあるわけだが、当然、その焦点距離より近づいては焦点が合わない。最短撮影距離とは、被写体にピントを合わせられるもっとも短い距離をいう。レンズによってこの値は違うので、レンズの距離表示のところを見て確認しよう。

2つ目はAF（オートフォーカス）の機能を使いこなしていない場合だ。ファインダーをのぞくと**AFフレーム**といって、ピントを合わせる枠がいくつか表示される。これらは通常、初期状態では**自動選択**になっていて、撮影状況に合わせてどこの枠にピントを合わせるかをカメラが自動で判断する。しかし、撮影状況によってはピントを合わせたい被写体とAFフレームがぴったりと合致しないことがある。そんなときでも、カメラは任意のAFフレームの枠を選んでそこに合わせてしまう。被写体にピントが合わないのはこのためだ。

このような状況のときは自動選択にしてあったAFフレームを**任意選択**に変更する。カメラの機種にもよるが、基本的には、複数あるAFフレームのどこに合わせたいかを選択することができる。これで合わせたい被写体のある位置とＡＦフレームを合わせれば、確実にピンボケは防げる。

もし、それでもぴったりとピントを合わせたいところとＡＦフレームが合致しないときは、カメラのフレーミングを少し動かしてＡＦフレームでピントを合わせ、ピントが合っていることを確認してから、**フレーミングを動かして撮影したい構図**に動かせばいい。

ただし、ＡＦという機能は、コントラストのない被写体や縞模様などはピント合わせが難しい。ＡＦが難しい被写体のときは中央のＡＦフレームを選び、そこでピントを合わせてから、画面を振って撮影したいフレームにしたほうがいい。**中央のＡＦフレームがいちばん精度が高い**からだ。

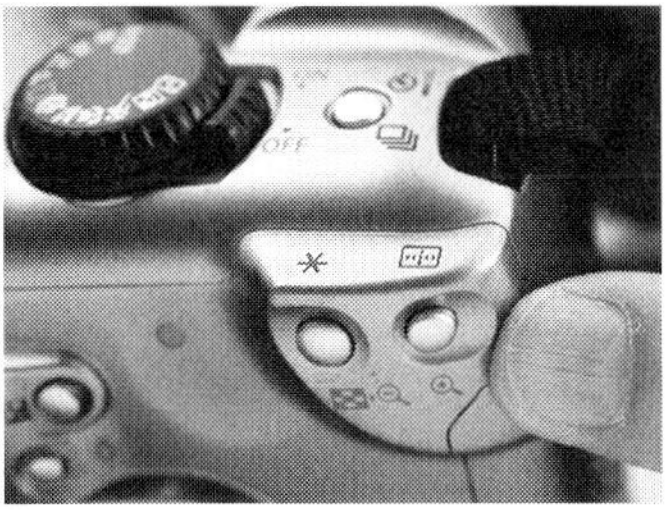

キヤノン製はAFフレーム選択ボタンを押しながらメイン電子ダイヤルを回してAFフレームを選ぶ

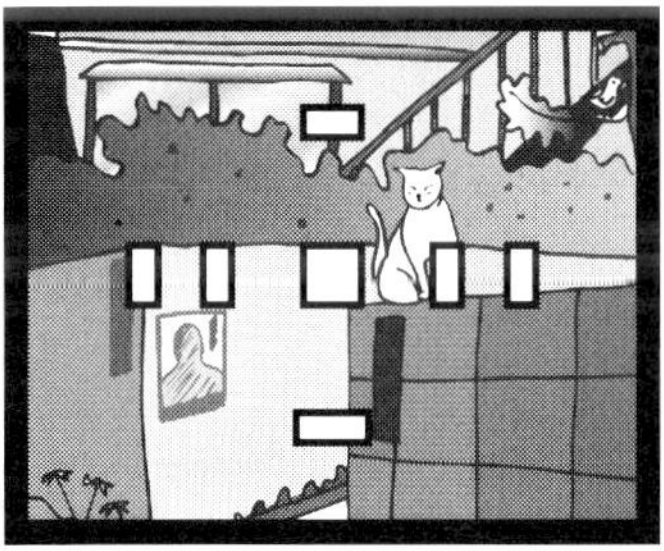

AFフレーム7点の場合。自動選択ではシャッターボタンを半押しすると合焦した枠が点灯する

Q53 スイッチを入れても、カメラが動かないんですが……。

A スイッチを入れたのにカメラが全く動かない。なんだか動きがおかしいということがときたま起きる。記念写真の撮影のときにこうなってしまうと、待っている人がいるのでついつい焦る。しかし、このような場合こそ焦らずに基本的なことからチェックすることだ。**最初にチェックするのはバッテリー**。事前にちゃんと充電していればいいが、忘れているとバッテリーがなくなっていることがある。バッテリーがないと液晶画面には何も映らない。**撮影に行く前夜にはかならずバッテリーを充電**しておくべきだ。できれば**替えのバッテリー**をつねに携帯していたほうがいい。

もし、前日に充電したにもかかわらずバッテリーがすぐになくなってしまう場合は、バッテリーの寿命ということも考えられる。バッテリーはずっと使えるものではない。最近のものはかなり寿命がのびたが、すぐになくなってきたら交換が必要だ。こういう状況のためにも、バッテリーの替えをいつも持っているべきだろう。

バッテリーはあるのに液晶の表示がされない場合などは、**バッテリー室のふた**がちゃんと閉まっていないこともある。ここも確認すべき箇所だ。また、カメラによっては通常のバッテリー以外に**時計用のバッテリー**を使っている。このバッテリーが消耗してもエラーマークが表示されるので、そういう機種を使っている場合は、こちらのバッテリーの備えも必要だ。

次は記録メディアのチェック。意外な話だが、写せなくなったという人のなかには**ＣＦカードなどの容量がいっぱい**になっていることに気づかないでいる人が多い。また、バッテリー同様、**ＣＦカードスロットカバー**などがちゃんと閉まっているかも確認する。

さらに、**バッテリーやＣＦカードを引き抜き、再度押し込んでしっかりとふたを閉める動作**をしてみることも大切だ。接触不良や、何らかの読み込みエラーが原因になっていることがある。

叩けば直る自動販売機みたいでデジタルらしくないと思うかもしれないが、デジタルだからこそ接点部分を刺激する動作は重要だ。

ほかにもレンズ部分などにある**ＡＦモードがＭＦ**になっているとＡＦは動かない。その他の機能は作動するのでピンボケ写真になるのだが、これは無意識に触っていることが多いので注意したい。

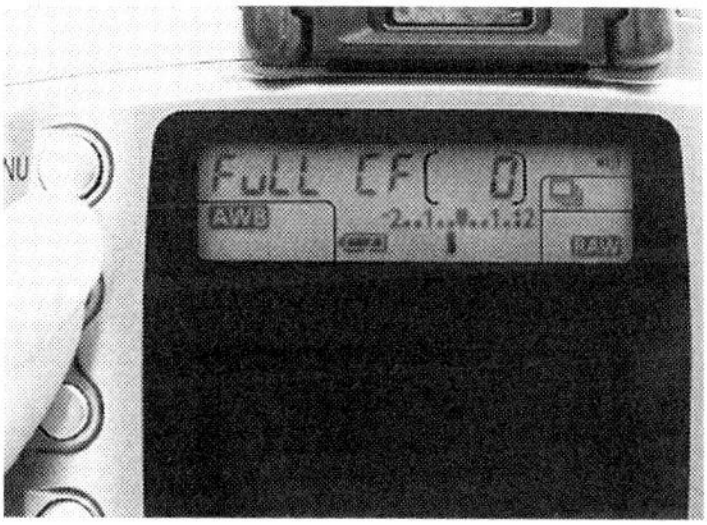

CFカードがフルになると警告マークが出る。撮影に出るときはバッテリーやCFカードの替えを携帯する

Q54 ときどき手ブレしてしまうのですが……。

A 手ブレは暗めのときやスローシャッターのときに起きやすい。このことはほとんどの人が認識しているようだ。

しかし、逆に、十分に明るく速いシャッターが切れるときには案外、無造作に撮っている人が多い。普通に撮っていれば手ブレは起こらないと思い込んでいるのだろう。そのため、よけいにカメラを固定することに無頓着になり、手ブレしていたということになるのである。

手ブレは想像しているよりも簡単に起きやすい。目安としては、**シャッタースピードが1／125秒以下になると手ブレ**する可能性があると思ったほうがいい。昼間でも、意外にビルの谷間や林のなかなどでは1／125秒になっている。このようなときにうっかりして手ブレしないためにも、日頃から基本的なカメラの構え方を身につけておきたいものだ。

まず、カメラは片手でなく**両手で持つ**。さらに**両脇を締めてヒジを体に密着**させる。中腰で撮影する場合には、**片ヒザを地面につけて**下半身を安定させ、**立てたヒザの上に片方のヒジをついて**上半身がぐらつかないようにする。地面に近い位置で撮影するときは、座り込んで**両ヒザと両ヒジの4点で支える**。また、近くに壁や木などがあるときは、カメラを持った体ごと寄りかかるようにして安定させる。ベンチやテーブルなどにカメラを置いて撮ってもいいが、この場合にはさらにミニ三脚があればフレーミングしやすい。

また、カメラを安定させるという意識を持つだけでなく、**シャッター**には微妙なタイムラグがあることをつねに意識しておくことも大切だ。シャッターボタンを押したと同時にはシャッターは切れない。シャッターボタンを押してもひと呼吸くらいは動かないことだ。シャッターを押すときも、カメラを動かさないよう静かにシャッターを押し込んでいく。

レンズには**手ブレ補正機能**がついたものもある。完全に手ブレを防げるわけではないが、こういうレンズを使用するのも手ブレ防止には効果的だ。

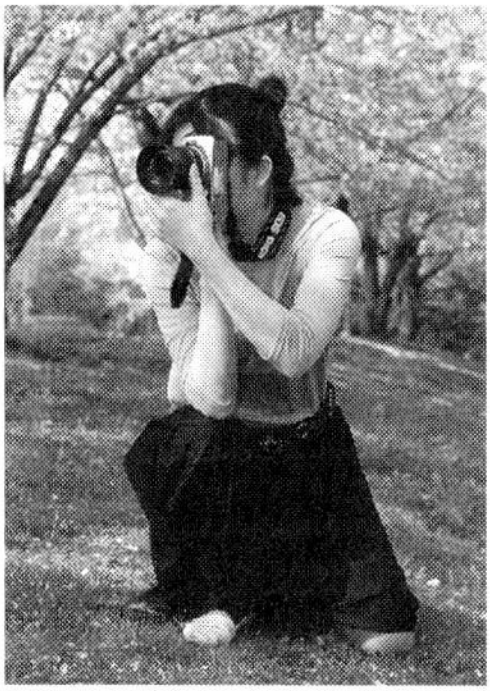

中腰で撮影するときは片ヒザを立て、そこにヒジをつき体の動きを止める

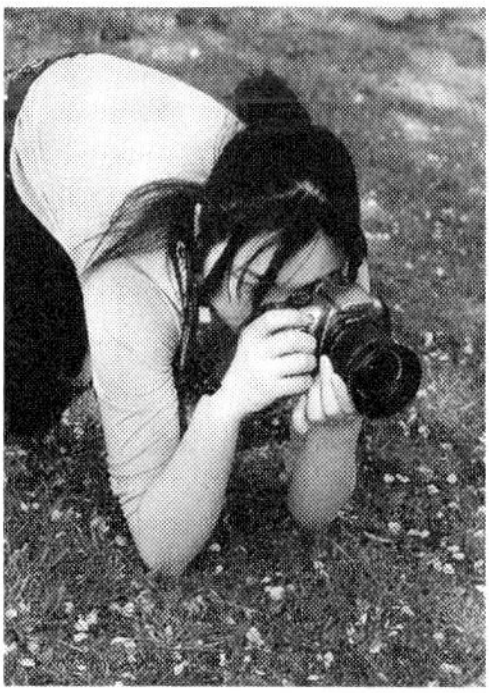

ローアングルになったときは、両ヒジをつき、両ヒザと両ヒジ4点でカメラを安定させて撮影する

Q55 露出が合っているかどうかの判断は、どこでしたらいいですか？

A 撮影後に液晶モニターで画像を確認しても、正確な意味でその写真が正しい露出なのか、あるいは、間違っている露出補正を必要としているのかは、わからない。そもそも液晶モニターは、露出を正しく表示しているものではないからだ。

液晶モニター自体の明るさや表示できる色空間は、かならずしも撮影データとマッチングが図れているわけではない。外部からの光の影響も受けている。晴れた日に直射日光が入るような状況下で液晶モニターが見にくくなっている場合が、その最たる例だ。液晶モニターはあくまで参考程度で、露出が適正かどうかを判断する材料にはならないのである。

撮影した**画像の露出を確認する**ための基準は**ヒストグラム**（左ページの写真）だ。

デジタル一眼レフカメラはかならずヒストグラムの表示ができるようになっている。ヒストグラムとは、横軸に明るさ、縦軸にその明るさごとの画素の数を積み上げたグラフ。左側が暗いほう、右側が明るいほうのデータで、画像の持つ輝度（明度）の分布を表している。

左側寄りにデータの山が積み上げられているようなら、暗部の多い画像ということになり、逆に右側寄りに山が積み上げられていれば、ハイライト側のデータがたくさんある写真とい

ヒストグラム（縦軸が画素数。左がシャドウ側、右がハイライト側）

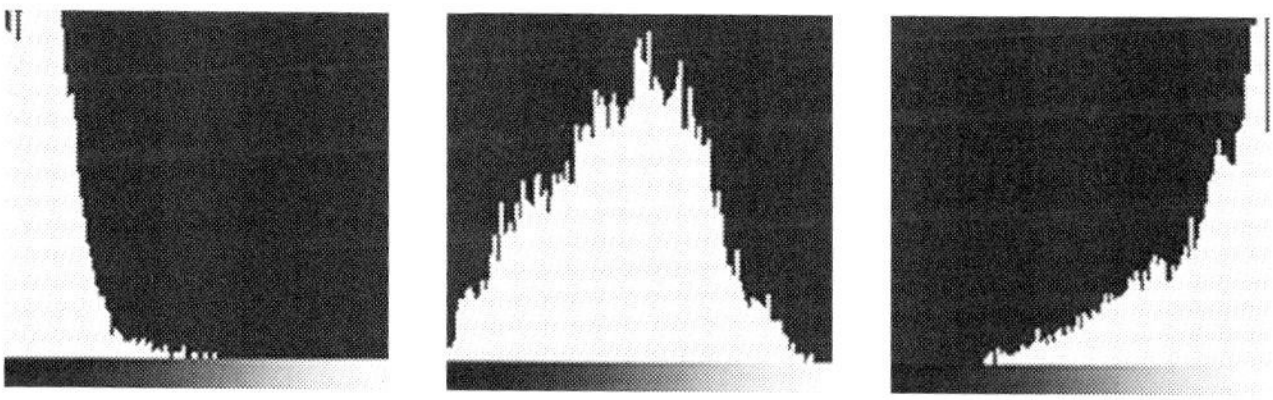

シャドウ側（左）に片寄って、つぶれて見えないデータがある

ハイライト側からシャドウ側まで広くデータが分布している

ハイライト側（右）に片寄り、飛んでなくなったデータがある

うことになる。大ざっぱな言い方になるが、明るいほうから暗いほうまで**データが広く分布**し、どちらかというと**山頂部が中心付近**にあるものが**適正露出**のヒストグラムといっていいだろう。もし、ヒストグラムの左端にデータが集まって幅の狭い山をつくっているときは、暗部が黒くつぶれていて暗い写真である。

ただ、ヒストグラムは、あくまでどの明るさの画素がどのぐらいあるかを示しているわけだから、露出レベルの傾向と全体の階調を確認することを目的としている。自分が撮影した画像のデータが片側に寄っていても一概に間違った露出とはいえない。あえて、ハイキーな写真やローキーな写真にしたい場合もあるからだ。そのような場合でも、撮りたいと意図した写真の露出の具合を確認し、補正が必要かどうかを確認できるのがヒストグラムの持つ役割なのである。

Q56 撮影モードはどれを選べばいいですか？

A モードダイヤルには大別すると、全自動をはさんで、**簡単撮影ゾーン**（イメージゾーン）と、**応用撮影ゾーン**がある。キヤノン製のデジタル一眼レフカメラの場合、簡単撮影ゾーンにはポートレート、風景、クローズアップ、スポーツ、夜景ポートレート、ストロボ発光禁止があり、応用撮影ゾーンにはプログラムＡＥ（Ｐ）、シャッタースピード優先ＡＥ（Tv）、絞り優先ＡＥ（Av）、マニュアル露出（Ｍ）、自動深度優先ＡＥ（Ａ－ＤＥＰ）がある。

簡単撮影ゾーンは、カメラのことはよくわからないが、とりあえず撮影したいという全くの初心者に向いている。**応用撮影ゾーン**は、カメラに慣れている人や、初心者でも露出やシャッタースピード、被写界深度（ピントが合っている範囲）の関係を少しずつ学びながら撮影していきたいという人向きだ。こちらのほうが写真の上達も早い。逆にいうと、これらの関係はカメラ任せにしたいという人は簡単撮影ゾーンを選ぶといい。

簡単撮影ゾーンのなかでの選び方は説明するまでもないだろうが、さて、どのようなケースのときに応用撮影ゾーンのどのモードを選ぶかだ。

私の場合は**ほとんどAv（絞り優先）で撮影**している。一般的な撮影シーンでは絞りは開放近くで撮影する。ただし、被写界深度が浅くなるのでピント合わせは真剣にやっている。ピントさえ合っていれば背景はきれいにボケるし、速いシャッターも切れる。風景や商品撮影などで被写界深度を深くしてすべてにピントが合ってほしいときも、Avで撮影する。この際、絞りを絞るためスローシャッターになることが多い。ブレには十分注意している。

Tv（シャッタースピード優先）は、飛行機や列車など**動くもの**を撮影するときに選ぶ。動くもののスピードに合わせてシャッタースピードを選びたいからである。

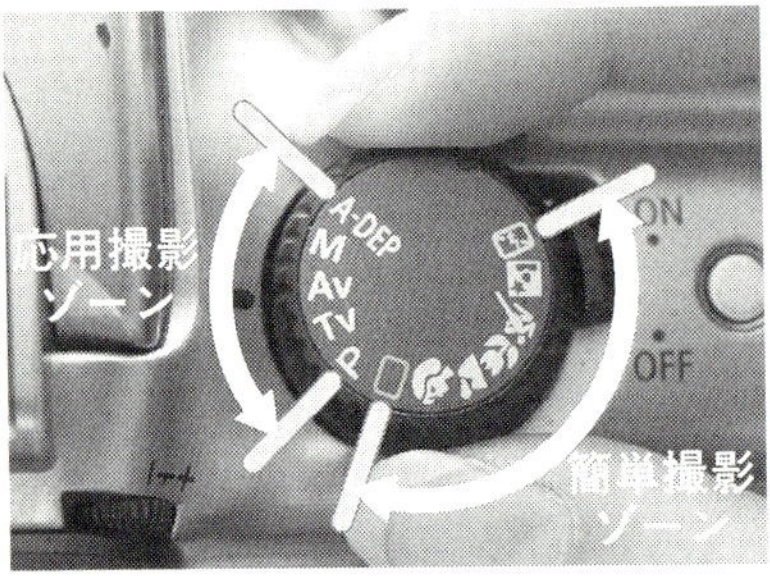

写真のしくみを覚えて、うまくなりたい人は応用撮影ゾーンから選択したい

レンズを開放にしても指定した速いシャッターが切れない場合にはISO（アイエスオー）感度を上げている。

M（マニュアル露出）は外部ストロボを使っているとき、自然光とストロボ光のバランスを変えて撮影したいときに選ぶ。PやA－DEPはほとんど利用していない。

基本的には、**被写界深度**を浅くしたいか深くしたいかによってAvで絞り値を変えて使用し、**スピードのあるもの**を止めなくてはならないときにTvにしている。

Q57 窓を背景に撮影したら、顔が真っ暗になってしまいました。

A 窓を背にして立っている人物を室内側から撮ろうとすると、どうしても顔が暗くなる。原因は逆光の状態で撮影しているというだけではない。室内の明るさは屋外と比べて暗いのだが、カメラのほうは屋外の露出もそこそこ合わせようとするため、全体に絞りを絞ってしまう。結果、そのぶんだけ室内の人物の顔が暗くなってしまう。

このとき、室内の明かりを少しぐらい明るくしても間に合わない。屋外と室内とでは目で見る以上に露光差がある。露出補正で顔を明るくする方法もあるが、顔が明るくなる程度に露出補正をかけると、画面はハレーションを起こすぐらいに飛んでしまうことが多い。ほかには、レフ板を使って人物を明るくする方法もあるが、外から直射日光が入っているときに人物を上手にレフ板で起こせる場合はほとんどない。直射日光がないときに室内の光を起こしても、もともと暗いので思うように明るくならないからだ。そういう状況のほうがむしろ多い。

こういうときにはストロボが有効だ。手っ取り早くスナップをしているような状態ならば、内蔵ストロボを発光させる。こうすれば顔が真っ暗になることは避けられる。撮影モードはスナップをしているのであれば**P（プログラム）**でいいだろう。

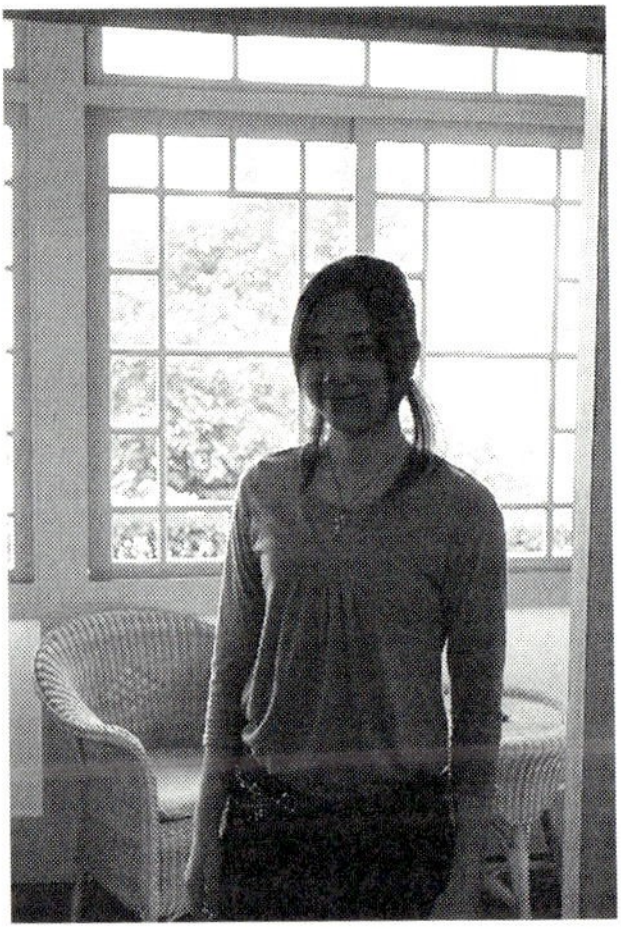

P（プログラム）モードで撮影すると、顔も暗くつぶれるし、外の景色も飛んでしまった

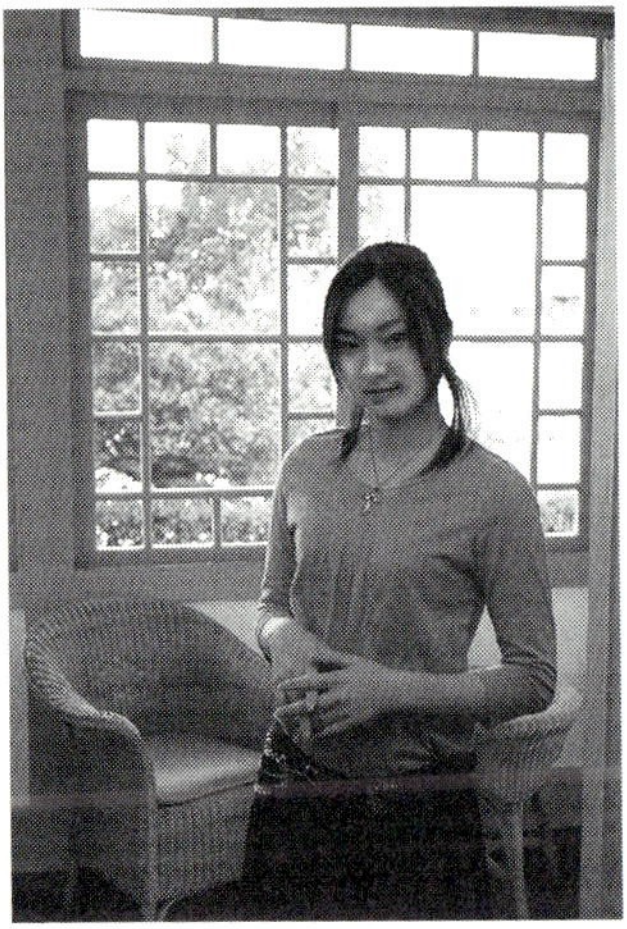

外部ストロボを天井に向けて発光している。ストロボの光の反射によって、顔が明るくなった

しかし、内蔵ストロボを使うと影がわりときつくなる。この影が嫌だという人には、**外部ストロボによる天井バウンス**をおすすめする。

ウラワザ

カメラに取り付ける外部ストロボは、その多くが発光する角度を変えることができる。カメラは窓側に立つモデルに向けるが、ストロボのほうは**天井に向けて発光**させる。この場合、天井が光を反射するよう白っぽくなくてはならない。

もし、木の天井などの場合は、**白い壁**などに向けてストロボを発光させるようにする。**ストロボの光を白いものに反射**させて、柔らかい面光源で人物を明るくするといいのである。

Q58 背景と人物のバランスがいい記念写真を撮りたいのですが……。

A **旅行に出かけて名所旧跡**などで**記念写真**を撮影することはよくあるが、このようなときに背景と人間をどのようなバランスで撮影したらいちばんいいのかわからないことがしばしばあるようだ。例えば、人物の全身を入れ、建物全体も入れて撮ると、顔の表情が見えない。顔がわかるようにアップにすると、今度は建物のほうが入らない。記念写真なので当然、建物全体を入れたいから、これでは困る。どちらも痛しかゆしだが、こうした悩みを解決する撮り方があるので覚えておこう。

まず、建物をすべて入れたいのならば、**建物がすべて入る場所を探す**。建物の大きさにもよるが、全部を入れるにはカメラまでの距離が足りないこともあるだろう。こういう場合には**広角レンズ**か、**ズームレンズの広角側**を使用する。標準レンズで建物全体が入るのであればそれでも構わない。広角レンズと標準レンズでは建物のパースペクティブが変わるので、**好きなパースペクティブを選んで**レンズを選択する。

次に**人物をその画面に配置する**。全身を撮影するのも悪くはないが、これでは顔の表情が見えない。こういう場合には**上半身だけを入れる**ことだ。画面の**左右どちらかに寄って**立っ

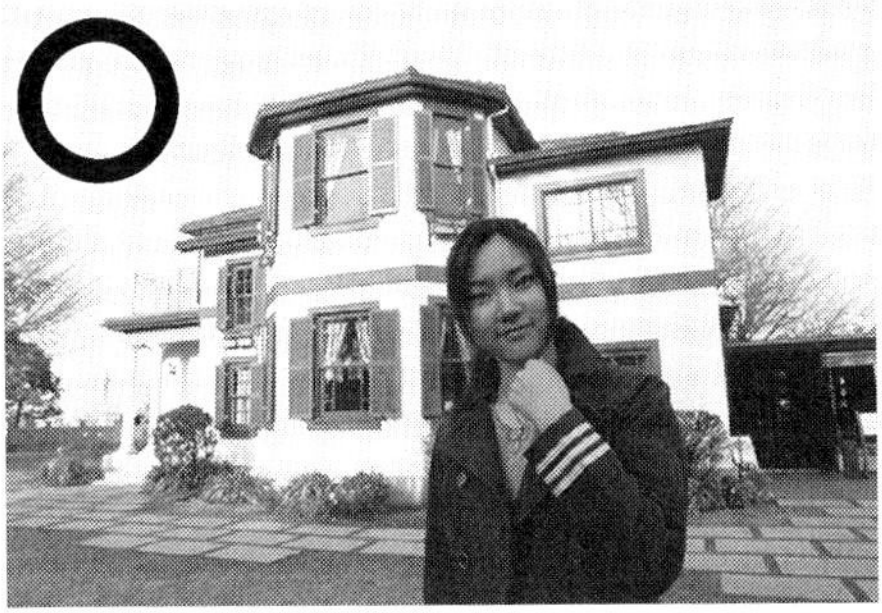

建物全体が入って顔の表情もわかるようにする。レンズは広角側で撮影

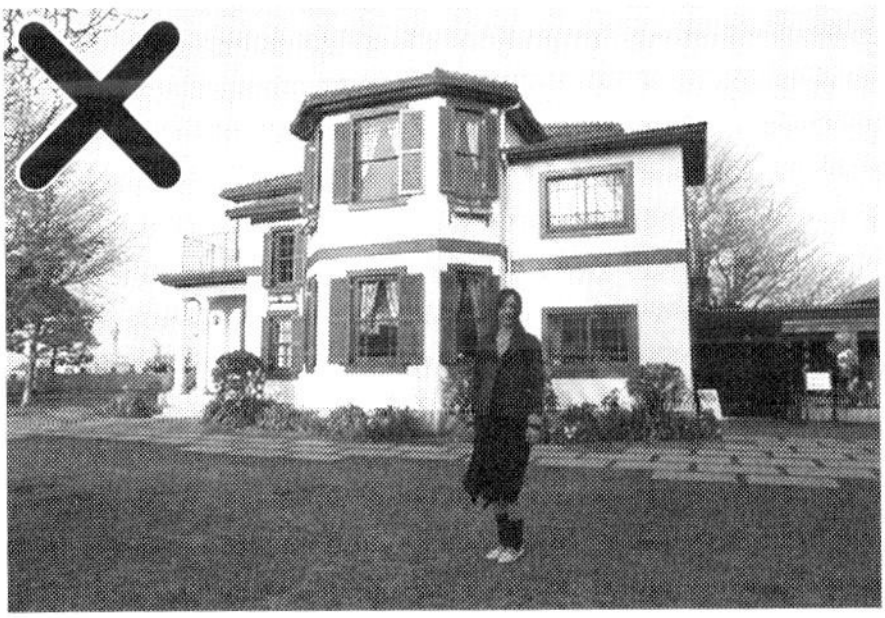

建物全景はわかるが、表情が見えないと、そのときの気持ちが伝わってこない

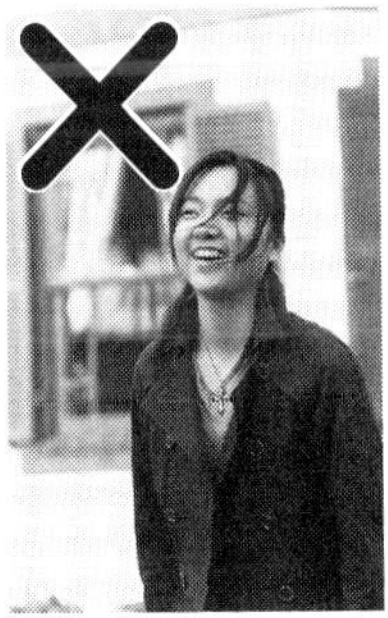

望遠側で撮影。どんな建物かわからない

てもらう。あるいは、建物をフレーミングする際、画面の左右どちらかがあくようにフレーミングしておいて、そこに人物を入れてもいい。

人物に先に建物の前に立たれてしまってから撮影しようとすると、建物と人物を上手に配置できない。**まずは建物だけを画面に入れて**フレーミングした後で、人物をいい位置に立たせることが重要なポイントである。

Q59 花火の写真は、撮ると真っ白になるのはなぜですか？

A 夏の夜空を彩る花火は、一度は撮ってみたい、夜間撮影では絶好の被写体だ。少し写真の撮り方を覚えた人なら長時間バルブに設定して撮影し、花火の線が引くように撮ろうとするだろう。しかし、実際にそうやってみると、花火は次々に上がるので、長時間絞りを開けていると中心部が明るくなる。結果的に露出オーバーの写真になってしまって、どうもうまく撮れないという経験をしたこともあるのではないだろうか。

花火を線を引くように撮影したいのなら、まず**長時間露光する**のはいい。そのためには**三脚とレリーズを用意**する。絞りを開けっぱなしにするのだから三脚はなくてはならない。また、手でシャッターを押し続けると、たとえカメラを三脚につけていてもブラしてしまうのでレリーズが必要になる。

さらに必要なのが、レンズの前で光を遮る（さえぎ）**黒い紙**だ。シャッターを切って撮影を開始するとして、同じところばかりに花火が上がると、そこだけが明るくなりすぎて白く飛んでしまう。それを防ぐのが、この黒い紙なのである。**1、2発花火が同じところに上がったら、黒い紙でレンズの前をふさいで、露光を遮る。**もちろん、シャッターは切りっぱなしの状態にしておいたままで行う。

花火を撮影する際、周りの景色も一緒に写したいのならば、**花火が上がっていないときに黒い紙をレンズ前から外して露光をかけてやる。**そうしないと花火だけが明るく飛び気味に撮影され、周りの景色は真っ暗な状態になってしまう。

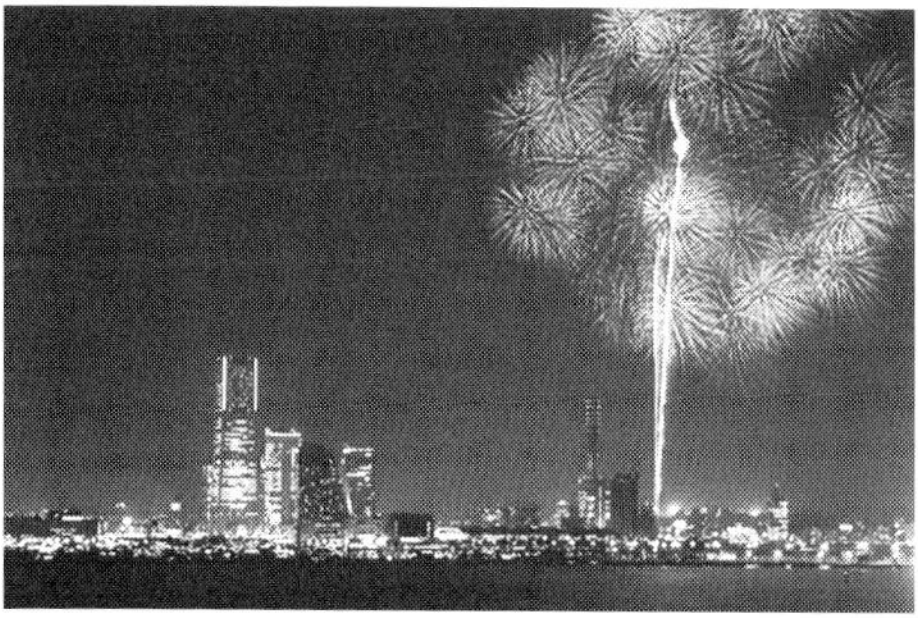

周辺のビル街は花火の影響と煙の乱反射でかなり明るく、F11で１分も露光すると露出オーバーになった。F16で約30秒露光にしている

このときの露出は、花火の明るさにもよるが**ISO（アイエスオー）100でF11ぐらいが目安。**そのくらいで撮影を開始し、花火が画面のなかで重複しないように同じ場所に上がっているときは黒い紙でふさぎ、違う場所に上がったら黒い紙を外したりしながら撮影する。

また、**周囲の風景の露光時間は**だいたいの時間がわかるように、**花火が上がる前にあらかじめテスト撮影**しておく。F11ならば30秒とか1分とかで、風景がどのように写るかを確認しておいて、本番の撮影でその露光時間に合わせる。フィルムと違い、デジタルカメラには露出倍数がないので、意外と短い時間になる。

三脚は安定するように使わないと意味がない

自然写真の分野では、少しでも暗くなると三脚を使うことをすすめている。スローシャッターになるのを避けるためにISO（アイエスオー）感度を上げると画像が荒れてくるし、ストロボを発光させたのでは不自然になる。三脚を使用するしか撮影する手段がないからだ。

さて、その三脚の基本的な使い方だが、まず三脚は**なるべく低くして使う**。高さを上げれば上げるほど安定が悪くなるからだ。撮影シーンによるが、フレーミングに問題がないならなるべく低くして使いたい。次に脚を伸ばすときは**太いほうから伸ばす**。細いほうから伸ばすよりも安定するからである。ただし、砂地などでそのまま立てると接合部分が砂に潜り込み内部に砂が入ってしまう。こういうときは一番低いほうの脚を少しだけ伸ばして、接合部分に砂が触れることを避ける。

当たり前のことだが、三本の**脚は開き切る**。完全に開き切っていない脚があると、途端に安定感がなくなってくる。また、傾斜地で利用するときは脚の長さを調節して台座を水平にして使う。

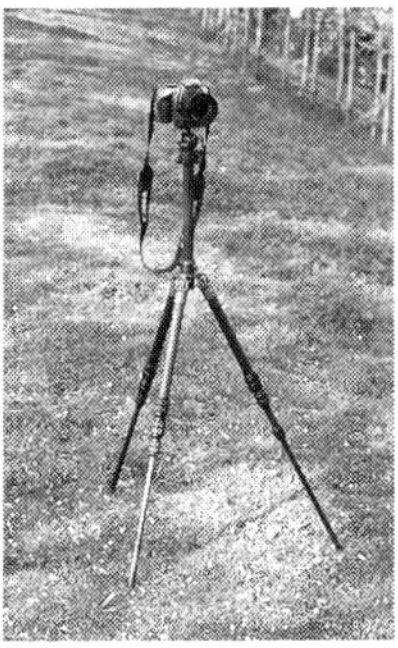

エレベーターを上げると安定が悪い。高さは脚で調節し、足りないときに使う

第八章　達人編

Q60 JPEGとRAWではどちらがいいですか？

A デジタル一眼レフカメラには、JPEGとRAWデータというファイル形式がある。普通に撮ってプリントするぶんにはJPEGのほうが使い勝手がいいし、圧縮率のほうはなるべく圧縮しないほうが大きくプリントしたときに画像の劣化が少ない。そのため、**初心者にはJPEGラージファイン**などの設定をすすめている。しかし、誰にとっても、あるいはどんな場合でもJPEGのほうが使いやすいというわけではない。

そもそもRAWデータとはJPEGなどのファイル形式にするより前のデータで、情報量もJPEGの8ビットに対し12ビットと大きい。RAWデータのままでは利用することはできず、デジカメに同梱されたソフトなどで現像処理をして初めてJPEGデータにする。つまり、現像する前のフィルムのようなもので、それ以前の撮影状況までも手を加えられる。

JPEGのほうが使い勝手がいいというのは、この現像作業がないからだが、JPEG画像は加工ソフト（Photoshopなど）上で、明るさの調整やカラーバランスなどを変更すると、同時に画像も劣化していく。しかし、RAW画像なら、これらをパソコン上で追い込んでいく過程で劣化がない。**加工を加えた場合にはRAWのほうが高品質**といっていいのである。

　また、晴れたり曇ったりしている屋外で花などの撮影をしているときなどは、RAWのほうが逆に使い勝手がいい。こういう天候では、直射日光でコントラストが強い状況と、曇ってコントラストが全くない状況がかわるがわる起こる。撮影後のJPEG画像でコントラストの調整をしようとすると、画像の劣化が進むだけでなく、完全に調整することは難しい。それを避けるためには撮影時にカメラ側でいちいちコントラストの設定を変えなくてはならない。RAW画像であれば、**画像を劣化させることなく適正なコントラストを撮影後に決められる**。高品質な写真に仕上がるだけでなく、撮影もたいへん楽になる。

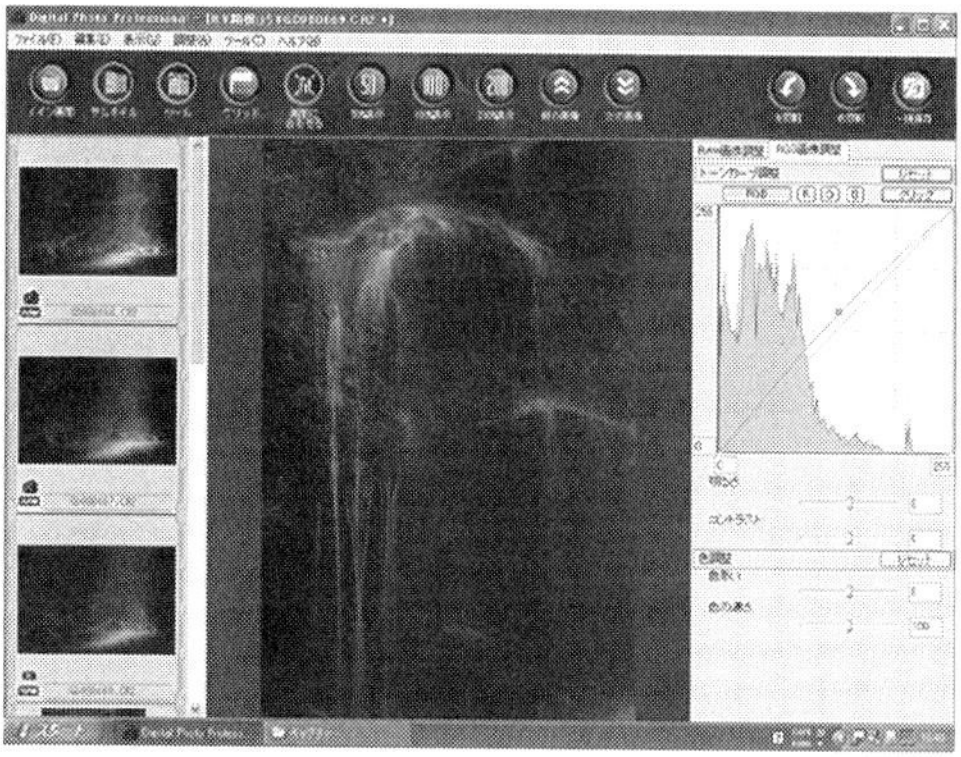

キヤノンのRAW現像ソフトDigital Photo Professionalのメイン画面。露出、コントラスト、カラーバランスなどの設定が自由に調整できる

　ただ、RAWデータはファイルサイズが大きくなるぶん、データの書き込みが遅くなるし、メモリーカードの容量を必要とする。以上のような点を考慮し、JPEGとRAWは使い分ける。

Q61 コントラストが強いときはRAWで撮るといいですか？

A 明るいところに露出を合わせると暗いところがつぶれてしまうし、暗いところに露出を合わせると明るいところが飛んでしまう。自然界の明るさの幅はデジタルカメラで表現できる幅よりも、はるかに広いし、さらにプリントで表現できる幅となると、もっと狭くなる。しかたがないことではあるが、このように明暗差（＝輝度差）が激しく、レフ板もストロボも使えないとお手上げかというと、じつは**RAWデータを使った裏技**がある。

RAWはJPEGなどのファイル形式にする以前のデータなので、データ自体が広い輝度情報を持っている。この情報をうまく使うのだが、まずはRAWの現像段階で**明るいところの階調を中心にした画像と、暗いところの階調を中心にした画像の2枚を現像**しておく。

次に、加工ソフトであるPhotoshop**上にあるレイヤー**という機能を利用する。レイヤーは何枚もの画像を重ねて1枚にする。また、レイヤーのなかには**レイヤーマスク**という機能がある。レイヤーマスクを使うと画像のなかの**いらない部分を消す**ことができる。消された部分は透明になったのと同じ状態になるので、重ねたときに**下にある写真が見える**というわけだ。ちなみに**レイヤー**は重ねた上の写真が活かされるので、上になるほうに透明部分がなければ重ねたとしても**下の写真は全く見えない**。

そこで、RAWから現像した2枚の写真のうち、明るいところの階調を中心にした画像は、暗いほうがつぶれているからこの部分をレイヤーマスクで消す。この写真の下に暗いところの階調を中心にした画像を置いて、2枚の写真を重ねて1枚にする。これで明るい部分のトーンと暗い部分のトーンが残った写真ができ上がる。1枚では入り切らないはずの自然界の輝度幅を表現できてしまうのである。

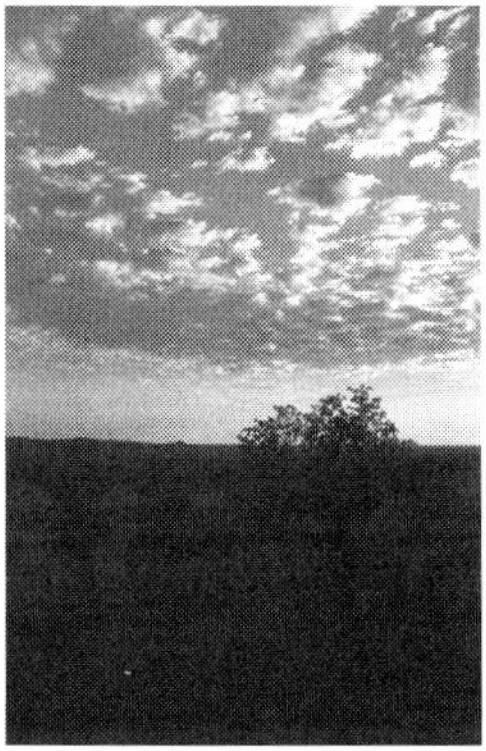

RAW画像から明るい空のトーンを出して現像

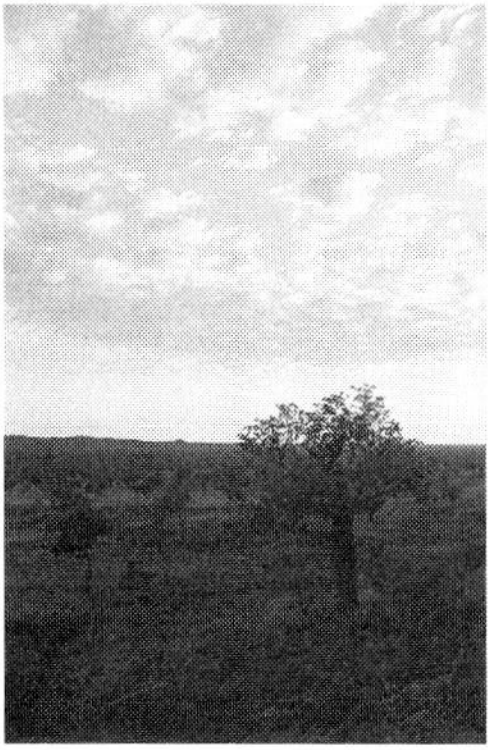

RAW画像から暗い地面のトーンを出して現像

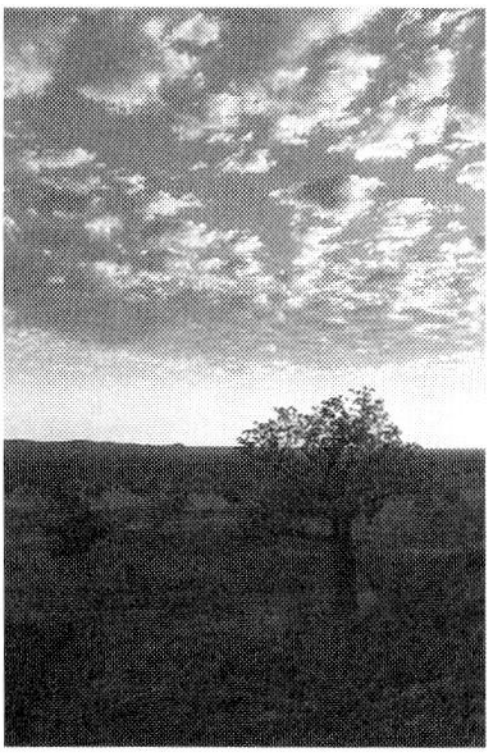

レイヤーで2枚の写真を1枚にした

Q62 パソコン上でホワイトバランスがとれますか？

A Photoshop（フォトショップ）などの加工ソフトで、撮影後にホワイトバランスを調整することができる。ただし、パソコン処理なので、ある範囲内でということになる。撮影段階で全くホワイトバランスが合っていない画像を加工処理で直すと、大幅にデータを変更することになり、画像の劣化が激しくなる。いい加減な設定で撮影し、撮影後に加工で合わせようとは考えないほうがいい。ホワイトバランスは撮影状況に合わせた設定を選んだり、マニュアルホワイトバランスで撮るなど、**撮影段階できちんと合わせておくべき**だ。そうしておけば、パソコン上の微調整でホワイトバランスがさらに正確に合わせられるのである。

微調整するには**Photoshopのレベル補正**を使う。レベル補正を開くと右下にスポイトが3つ出てくる。**真ん中のスポイトを選択**した後に、画像のなかの**グレー部分をクリック**する。これはグレーで色のバランスをとっているので、厳密にはホワイトバランスではなくグレーバランスだが、この操作で色が補正される。

JPEG（ジェイペグ）で撮った場合の話になるが、本番の写真のほかに、**グレースケールを入れた写真を撮っておく。**

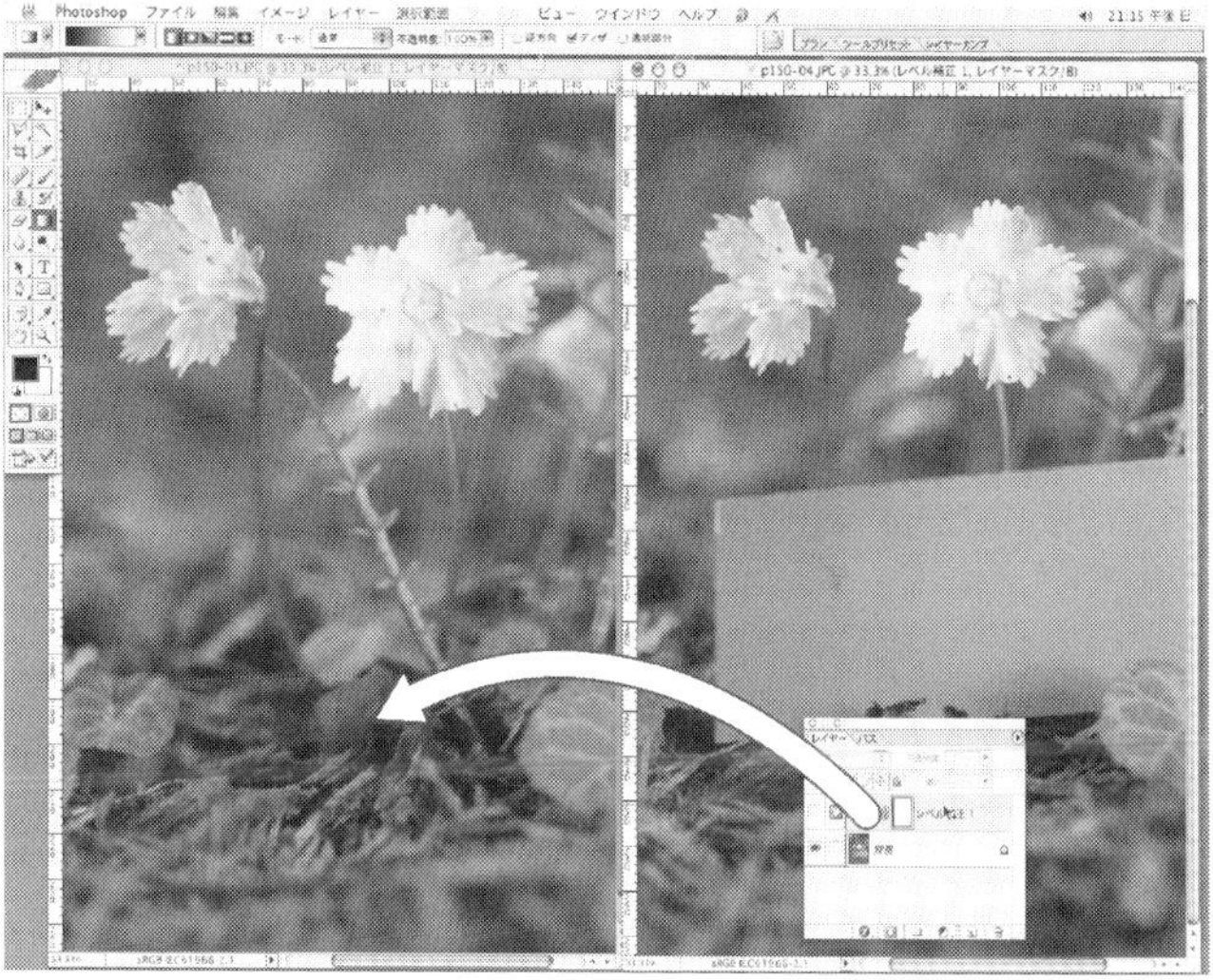

本番写真とグレースケール入りの写真をPhotoshopで開いて、グレースケール入り写真でレベル補正の調整レイヤーをつくり、そのレイヤーを矢印のように本番写真にドラッグする

あとは、前述のレベル補正をグレースケール入り写真で行うのだが、18%グレーという正確なグレーでホワイトバランスをとるからこれは完璧に近い調整だ。

このレベル補正を**調整レイヤー**として**レベル補正レイヤーの**つくっておいて、これを**本番写真にドラッグ**させれば、こちらももちろん完璧に近いホワイトバランスがとれるというわけだ。

これをRAWデータで行うと、調整によって起こる画像の劣化がない。多くのプロはこの方法でホワイトバランスを合わせている。

Q63 デジタル一眼レフカメラでは、長時間露光はできませんか？

A かなりよくなってはきたが、デジタルカメラは一般的に**長時間露光が苦手**だ。夜間撮影で60分間シャッターを開け続けたら、たいへんノイズの多い画像になる。では、どのくらいの時間シャッターを開けていて大丈夫かというと、いいとこ5分。ノイズに対する許容範囲を広げた場合でも**10分が限界**だろう。カメラの機種によって、どこまでのノイズを許すかによっても異なるので、これはあくまでだいたいの目安だ。

この話だけ聞くと、やはりデジタルカメラでは夜間撮影ができないと思ってしまう人も多いだろう。しかし、デジカメが長時間露光に全く向いていないかというと、そうでもない。銀塩フィルムのときには相反則不軌という現象があった。撮影専門用語なので覚える必要はないが、この現象がデジカメにはないからだ。

簡単に説明すると、**シャッタースピードと絞りは一定の関係**を持ち続ける。例えば、1／60秒のシャッタースピードのとき、F8の絞りだったとする。同じ露出で一段速い1／125秒のシャッタースピードで切るには、絞りはひと絞り開けてF5・6になる。1／250秒ならF4・0、1／500秒ならF2・8とこの関係はずっと続くのだが、超高速シャッターと**長時間露光のときだけはこの関係が崩れる**。なぜ崩れるか長時間露光の場合で説明すると、銀塩カメラでは15分間露光しても15分だけの露光量がなく、8分ぐらいの露光量しかない。足りない分の露光をかけなくてはならなくなるからだ。その足りない露光量の具体的な量を露出倍数といい、フィルムの種類によって違ったが、分単位の露光時間ならば間違いなく露出倍数があった。

デジカメには相反則不軌も露出倍数もないので、5分間露光をかけるとそのまま5分の露光量になる。つまり、デジカメだと**長時間露光のときの露光時間が少なくて済む**。意外と、**暗いときの撮影に強い**のである。**満月で撮影**するのに銀塩カメラではかなりの長時間露光だが、デジカメならすぐに済む。

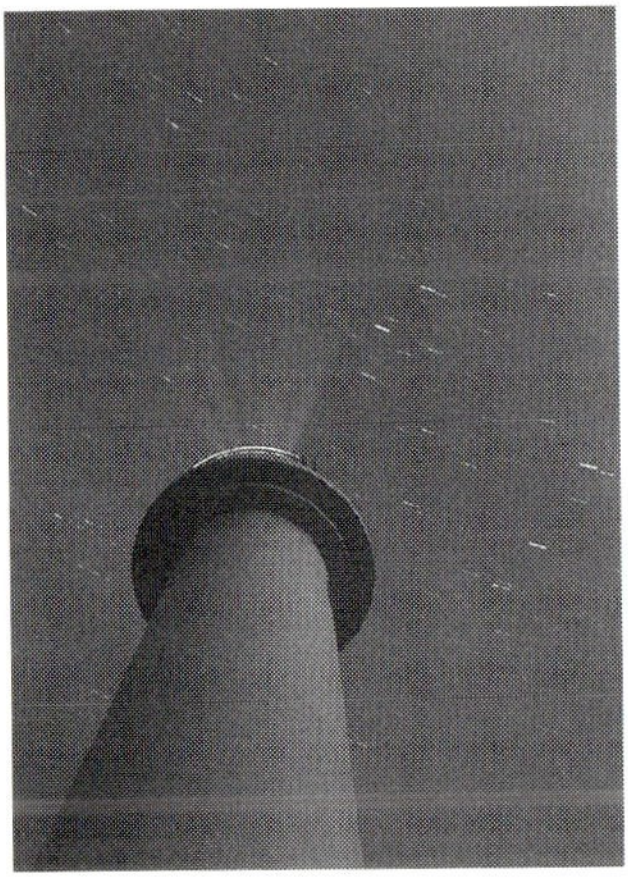

Kiss Digitalで5分間の露光時間。ISO400で、絞りF5.6で撮影

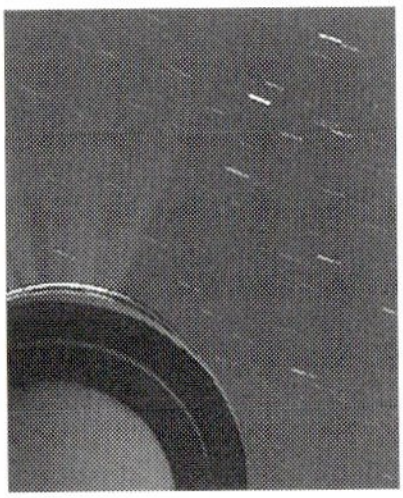

拡大するとノイズが気になる。そろそろ限界だ

Q64 カメラの設定にあるAdobe RGBとsRGBとは何ですか？

A Adobe RGBとsRGBとは**色空間**、あるいは**プロファイル**と呼ばれているもので、形としては**三次元の立体**だ。なぜ、このようなものがあるかというと、デジタルカメラで撮った画像は**RGB（R＝赤、G＝緑、B＝青）データ**というものになるのだが、データであるから色はない。数値だけのものだ。モニターやプリンターなどのカラー機器で発色して初めて色になる。

例えば、RGBデータは「R＝255, G＝0, B＝0」などという数字で表される。これは赤が最大値で緑が0、青が0なので、赤ということになる。しかし、どんな赤なのかはこのデータからは表現しにくいはずだ。なぜかというと、領域が決められていないからである。大雑把な例えになるが、2は二進法で最大値でも、十進法では小さい値になる。

よく、パソコンのモニターで見た色とプリントした色が違うという人がいるが、これもそのRGBデータの色空間を指定していないことが主な原因だ。それでは困るというので、**色空間の標準規格**としてつくられたのがsRGBである。これは標準的なCRTモニターの色空間に近い。Windowsの各機器も基本的にすべてsRGBの色域が前提になっている。そのため、カメラの設定でこれらの単語が出てきたときは、**初心者はsRGBを指定**するのが無難だ。

ただ、最近の**プリンターはsRGBの色空間よりも広い**色域まで出力することができるようになってきた。色立体が広がるということは、色空間の外側まで表現できるということなので、より鮮やかな表現ができるようになったということだ。自然界でいえば新緑の鮮やかな緑とか、南の島のサンゴ礁のコバルトブルーなど鮮やかな彩度のものが表現しやすくなった。この際、デジカメの元々のデータはsRGBよりもかなり広い色を記録しているので、撮影する段階で**sRGBよりも広い色空間のAdobe RGB**のデータにすれば、sRGBより広い色空間のプリントができる。

色の絶対値を表すLab座標軸

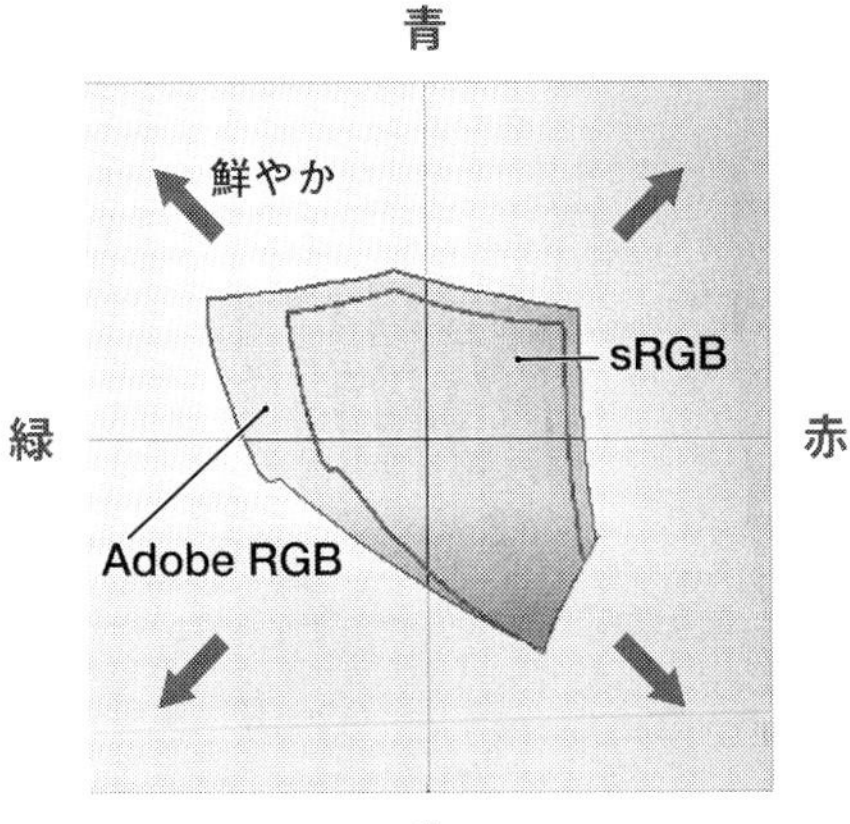

sRGBよりAdobe RGBのほうが色域が広い。Adobe RGBは鮮やかな色を表現できる

しかし、現実的にはこの作業はPhotoshop(フォトショップ)で操作する知識が必要になってくる。だが、**上級者はAdobe RGB**にして、鮮やかなプリントにぜひトライしてもらいたい。

※Lab＝色情報を数値化するカラーモデルの１つ。1931年、色規格の国際機関CIE（Commission Internationale del'Eclairage 国際照明委員会）によって開発された。黒から白（明度＝Lightness）と、緑から赤の範囲の要素（a）と青から黄の範囲の要素（b）の２つの色彩要素とによって構成されている。

Q65 ポートレートで、デジカメならではの撮影術がありますか？

A 女性ポートレートを専門に撮っているカメラマンに聞いたのだが、デジタル一眼レフカメラにしてから、モデルのとても**いい表情が撮れるようになった**そうだ。

室内で撮影しているとき、デジカメなら室内の光をそのまま使って、多少暗くても撮影できる。それが**すごく自然でいい**というのだ。

銀塩フィルムを使っているときは、室内の暗めの光で撮影しようと思うと、高感度フィルムに替えなくてはならない。これだと粒子が荒れる。これを嫌うのであれば、ISO（アイエスオー）100ぐらいの通常感度のフィルムを使わなくてはならないので、ストロボなどを利用してライティングをして光量を上げなくてはならなくなる。そうすると、それなりにセットを組まなくてはならないし、場合によっては雰囲気が壊れてしまう。

また、銀塩フィルムの場合にはホワイトバランスが変えられないので、そのまま室内光を使おうとすると、カラーバランスの問題も出てくる。色をコントロールしようと思うと、フィルターを使わなくてはならないが、フィルターを使えばそのぶん露出がとられる。暗いところでは不利になってくるのだ。

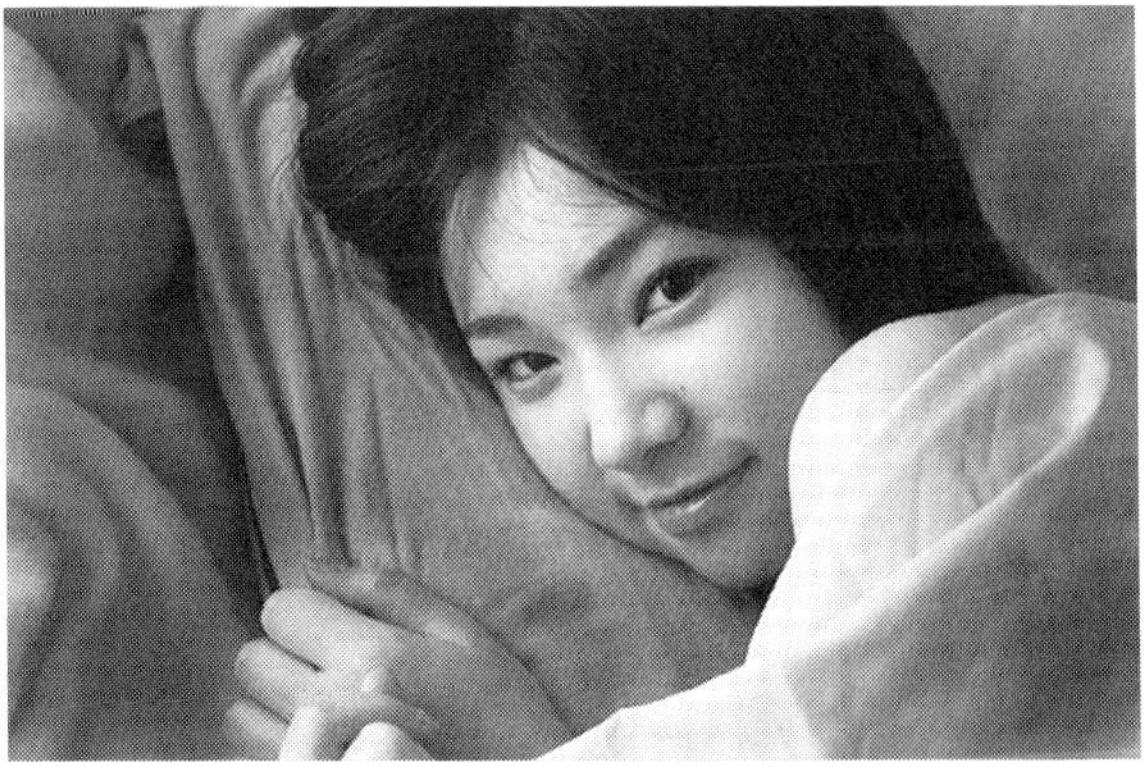

EOS-1 D Mark II でISO400 1/80秒 F2.5で撮影。ベッド脇のペンダントライトの光だけで撮っている

それに比べて、デジカメなら、ホワイトバランスさえとってやればいいので、どんな光でも利用できる。室内光の印象を残すためにわざとカラーバランスを崩したいときは、後からパソコンで調整することができる。ISO200〜400ぐらいまで利用できると仮定すると、**デジカメは暗い室内撮影に非常に強い**。

女性は自分の好きな男性を見つめているときは目の**瞳孔が開く**。暗い室内で撮影すれば、当然瞳孔は開く。銀塩カメラでは撮れなかった魅力的な目のポートレートが撮れるのである。

そんな目に撮られるほうも幸せだが、カメラマンのほうもそんな目で見つめられながら撮影できると楽しいだろう。レンズを見つめてもらえば、お互いの相乗効果でさらに素晴らしい傑作をものにできる可能性も高いだろう。

Q66 きれいでないデジカメボケをきれいにできますか？

A デジタルカメラはあまりボケない。ボケないのでボケ足がきれいでないことも事実だ。これは銀塩フィルムと違い、CCD（シーシーディー）やCMOS（シーモス）などデジカメの撮像素子（さつぞうそし）の面積が小さいために起こる。銀塩カメラで一般的な35ミリのフィルムより、6×7サイズなどの中判カメラのほうがボケがきれいだったのも、フィルムのサイズが大きいことに起因する。面積の問題だけなので、銀塩35ミリフィルムと同じ、いわゆるフルサイズと呼ばれているデジカメ一眼（キヤノンEOS-1Ds）だけは同じボケ足と考えていいだろう。

ただ、デジカメは**ボケにくい代わりにピントがきやすい**。昆虫などを接写するときや、すべてにピントがきてほしいときには、銀塩カメラより優秀だといえる。撮像素子が小さいからすべてにおいて困るということではない。

しかし、やはり女性ポートレートなどでは、目だけにピントがきてほかはすべてボケているという写真が撮りたくなる。こうしたときはあとでPhotoshop（フォトショップ）の加工を使えばいい。

Photoshop CSという最新のバージョンから、「**ぼかし（レンズ）**」というぼかしのフィルターが追加された。これは、今までのガウスという種類のぼかしフィルターがすべてをボカ

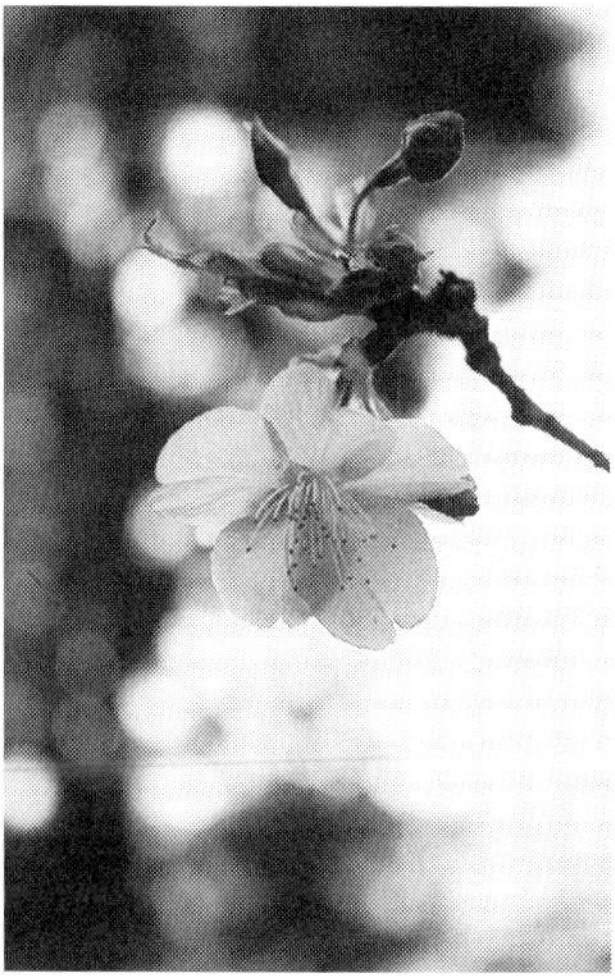

元画像。接写なのでもう少しボカしたいし、ボケ足が気になる

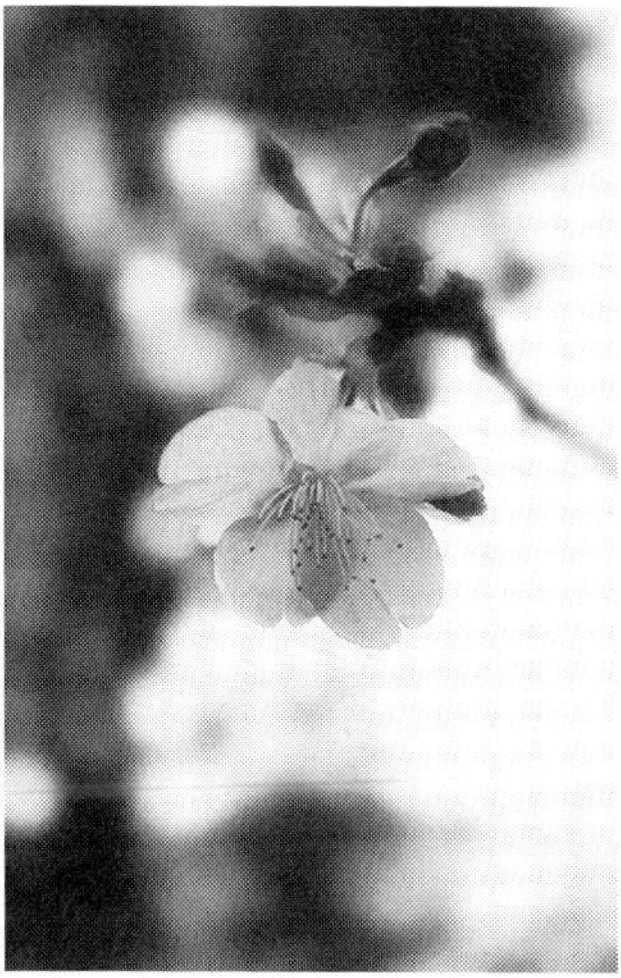

ぼかし（レンズ）フィルターを使ったら、花が浮き立ってきた

してしまったのに対して、芯(しん)を残しながらボカしていくフィルターだ。レンズでボカしているのにほとんど近い。

やり方は、レイヤーを使う。本番の画像の上に**複製レイヤー**でもう1枚画像をつくる。このレイヤーに「ぼかし（レンズ）」のフィルターをかける。ボカし具合は画面を見ながら決める。このレイヤーはボケボケだが、ボカしたくない部分には**マスク**をかける。マスクがかかったところは切り抜かれて下の本番写真が見えてくる。マスクは強弱を変えられるし、やり直しが何度でも可能だ。こうすれば、銀塩フィルムのとき以上にボケをコントロールできる。

いい白黒プリント作品をつくろう

もっとも一般的に使われているプリンターは、インクジェットプリンターだ。しかし、このプリンターを使って質の高い白黒プリントをつくろうとすると、大変だ。染料系のインクを使っている場合は保存性が悪かったり、顔料系のものでも表面に光沢のコーティングをするのでマットなプリントができなかったりで、思うようにいかない。何よりデジカメのRGBのデータを白黒に変えるまではいいのだが、これをプリントにすると、階調のどこかになにがしかの色が浮いてしまう。純粋な白黒にならないのである。

英国のライソン社というインクの会社には、プリンターのすべてのカラーインクを濃度の違う白黒インクに変える商品がある。このインクに替えると、モニターではカラーだが出力するとトーンのきれいな白黒写真ができ上がる。しかも保存性がすこぶるいい。専用の用紙も和紙のようなものから、光沢のあるものまで用意され、表現の幅がすこぶる広くなっている。プロにもおすすめの白黒写真用のインクだ。

●ライソン社製品問い合わせ先
銀一（株） 海外商品課…http://www.ginichi.com/

第九章　デジタル編

Q67 メモリーカードはどのくらいの容量のものを買えばいいのですか？

A メモリーカードは、デジタルカメラを購入するとき、一緒に購入することが多い。しかし、まだそのデジカメを使いこなしてからでないと、どのくらいの容量のものにしたらいいかよくわからない。とりあえず、店の人にすすめられたものや、価格で検討して選んでしまった結果、あとで使いづらかったという人も多いようだ。

どのくらいの容量にするか決めるにはまず、デジカメをどのように使うか想定し、ファイル形式を**RAW(ロー)にするかJPEG(ジェイペグ)にするか**決める。RAWかJPEGかによってファイルサイズが倍ぐらい違うからだ。次に、**1日に何枚ぐらい撮影するか**計算してみる。そのデータを消去していい状態にできるまで、何枚撮るかだ。2泊3日の旅行中ずっと、パソコンやCD-R(シーディーアール)など別のものに保存できないなら、その合計枚数を計算する。メモリーカードを購入する際は、使用するデジカメとファイル形式、何枚撮るかを店頭で伝えれば、それに見合った容量のメモリーカードをすすめてくれるはずだ。

ただし、メモリーカードは**できるだけ大容量**のものを購入しておいたほうがいい。デジカメだと消すことができるので、とりあえずいろいろ撮っておこうとする。撮影枚数はフィルムのときの何割増しかになる。また、デジタル一眼レフカメラは今後ますます高画質化・高画素化することが予想される。将来的にファイルサイズは大きくなる傾向にあるからだ。

さらに、メモリーカードは商品によってデータの**書き込み速度が違う**。20倍速のものより40倍速のもののほうが書き込みが速くなる。モデル撮影などでRAWで撮影しているならば、書き込み速度が遅いとバッファがいっぱいになった段階で撮影できなくなる。書き込み速度が速いほうがいいかどうかもデジカメをどのように使うかで検討しよう。

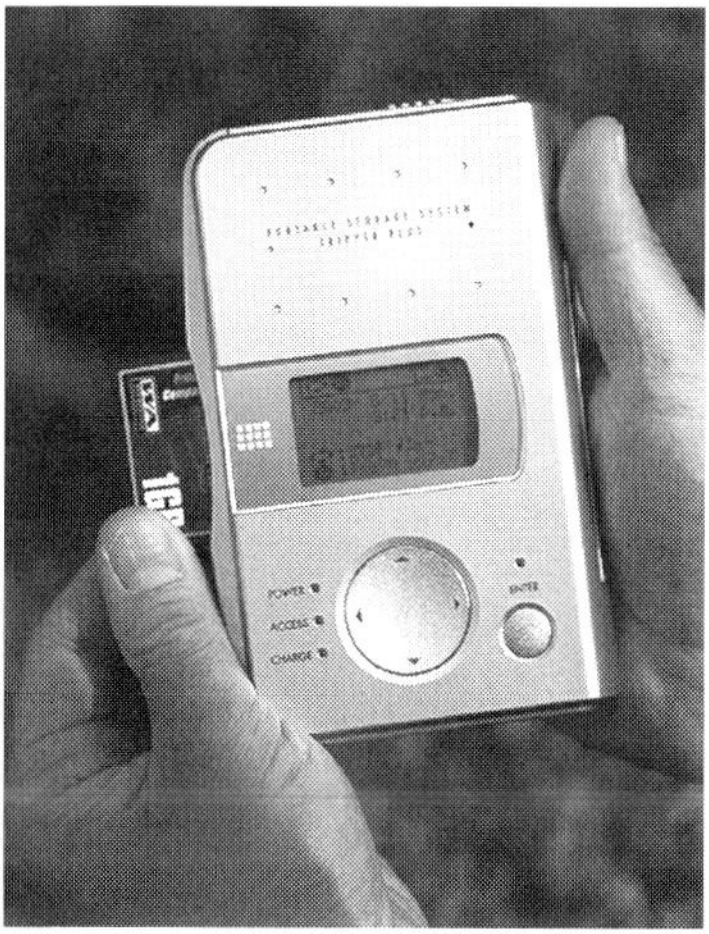

撮影枚数が多い人におすすめの携帯用ハードディスク「トリッパー」
●問い合わせ先（株）飛鳥
http://www.aska-corp.co.jp/

しかし、大容量で書き込みが速いほど価格は高くなる。高価な大容量のメモリーカードを何枚も持つ代わりに、プロが使っている**携帯用ハードディスク**を購入してもいいだろう。これがあれば撮影途中でメモリーカードがフルになっても、こちらにデータを保存できる。20GB（ギガバイト）で、300グラムと軽量なのでおすすめである。

Q68 600万画素だとどのくらいまで伸ばせますか？

A デジタル一眼レフカメラは現在、600万画素クラスのものが人気だ。では、600万画素機だと、どのくらいの大きさまで拡大してプリントできるのだろうか。

インクジェットプリンターは、A4サイズか、一回り大きいA3ノビサイズが商品として販売されているが、仮にキヤノンKiss Digitalの画像をA3ノビまで伸ばしたとしよう。

このカメラの画素数は3072×2048（約630万画素）。A3ノビサイズは329×483ミリだ。余白を少しとって印刷したとして、実際のプリントの長辺を460ミリにすると、このときの解像度は約170dpi（ドットパーインチ）となる。これは1インチ（2・54センチ）の幅のところに170ピクセルのドットで解像していく画像になるということだ。同様にA4サイズに余白を5ミリ程度とってプリントしたとすると、長辺は287ミリとなり、約270dpiの解像度となる。

一般的な解像度の考え方だが、インクジェットプリンターでは、とくに解像度が必要な被写体以外は200dpiぐらいで解像していれば、だいたい解像度に問題はない。もし、200dpi以下になったときでも、通常の撮影であれば150dpiぐらいまでは普通の人が見る限り問題はない。つまり、一般的には**６００万画素機はＡ４サイズまで十分伸ばせる**。普通の人に見せる程度ならＡ３ノビサイズまで伸ばせると考えていい。

ただし、前述のようにすべての写真において、６００万画素機でＡ４サイズまで問題なく拡大プリントができるというわけではない。被写体によっては解像度が普通以上に必要な写真がある。例えば、１００人ぐらいの集合写真などがそうだ。６００万画素機で撮ったこのような画像をＡ３ノビに伸ばして、ひとりひとりの顔の解像を近距離で見たような状態にするには、解像度がかなり足りなくなってくる。しかし、こういう場合でも**画像補間**をすれば少しは救われる。画像補間とは、大きく写真を引き伸ばすときに足りない解像度を埋めていく技術をいう。被写体の周囲の画素を考慮しながら、画素を増やしていく。

この補間技術は、デジタル画像の現像所で使われているライトジェットとかラムダと呼ばれるプリンターのものが優秀だ。これらは、レーザーで印画紙に焼き付けていくタイプの大型のプリンターで、デジカメのデータを伸ばす際、プリンター内部の演算によってじつにうまく画像補間をして拡大していく。またそのプリントの濃度は、インクジェットプリンターよりも濃度がある。簡単にいうと、黒がより黒い黒になるということだ。解像度が足りない場合に限らず、写真展用の作品づくりなどには、このプリントを利用するといいだろう。

Q69 写真はどうやってパソコンで見るのですか？

A Windows XPを利用している人は、ほとんどがOSのファイル表示機能を利用しているかと思う。その場合には、パソコンにコピーされている**撮影データのフォルダをダブルクリック**で選択し、「**表示→写真**」を選べば、上部に写真、下部にサムネイルが表示される。また、下部に表示されたサムネイル写真をクリックすると、その写真が上部に表示される。

縦位置で撮影した画像が横向きになっている場合、時計回転したいときはマークを、反時計回転をしたいときはマークをクリックする。また、このフォルダ内の写真から気に入った写真だけをセレクトして別のフォルダに集めたいときは、サムネイル画面で選択した写真をクリックして、ここで表示されるダイアログから「**送る**」を選び、**送る先を選択**すればいい。この方法なら、わざわざ別のソフトを立ち上げる必要がないので、Windowsユーザーには、もっとも手軽だ。

ただ、ここに表示できるのはJPEGデータに限られる。RAWで撮影しているデータは表示できない。**RAWデータは**デジタル一眼レフカメラを購入した際、同梱されている各社の閲覧ソフトで見なくてはならない。キヤノン製だとZoom Browser、ニコン製だとNikon View

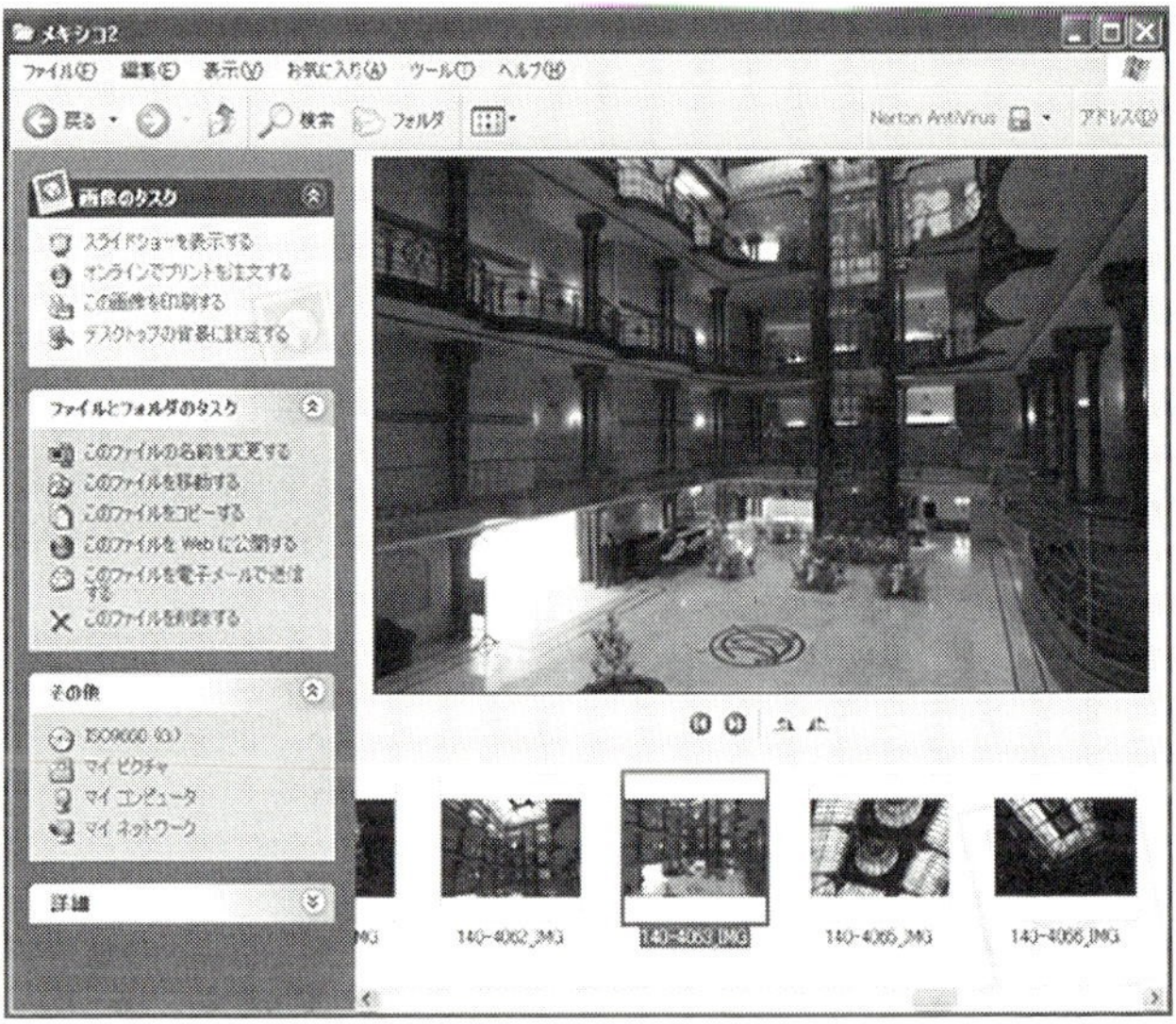

Windows XPなら手軽にJPEG写真を閲覧できる

などだ。また、RAW現像ソフトでも閲覧することは可能だが、RAWデータは各社独自のファイル形式なので、使用しているデジカメと同じメーカー製の閲覧ソフトに限定される。

もし、複数のメーカーのRAW画像を1つのソフトで開きたい場合には、どんなRAWデータでも見られ、現像できるソフトでないと対応できない。現段階でもっとも多くのファイル形式に対応しているのはPhotoshop（フォトショップ） CSだ。このファイルブラウザは、ほとんどすべてのデジカメのRAWデータを見ることができ、開けるファイル形式ももっとも多い。

Q70 ソフトを使えば、簡単にパノラマ写真ができますか？

A パノラマ写真の撮影のコツについては52～53ページでも触れたが、ここではパノラマ写真を作成するソフトをPhotoshop Elements 2.0のなかのPhotomergeに限定したうえで説明しよう。ほかにもいくつかパノラマ合成ソフトはあるが、ほかのソフトでもだいたい同じような操作になる。

このソフトを使う際、52～53ページで説明した第2主点位置以外に、いくつかの撮影上のポイントをつかんでおくと、合成の精度が上がる。まず、**被写体までの距離は5メートル以上**あったほうがいい。次に、左右に画面を振っていくとき**35～40％ぐらい画像を重ねる**ほうがうまくいく。また、**露出はなるべく一定**に保つ。

もし、**広角レンズを使うときは35ミリぐらいまで**がいいところだ。それ以上広角だとパラックス（歪み）がありすぎて、うまくいかないこともある。撮影途中で**ズーム機能は使わない**、**カメラは水平**に保って撮影することなども注意点だ。

撮影が終わったら、合成する画像をPhotoshop Elements 2.0でデスクトップに開き、「ファイル→Photomerge」でPhotomergeを立ち上げる。するとどの画像で合成するのかを聞いてくる。合成する画像が開いている場合は、自動的に**ソースファイル**に追加されるので、「OK」ボタンを押すと自動的に合成の加工が始まる。

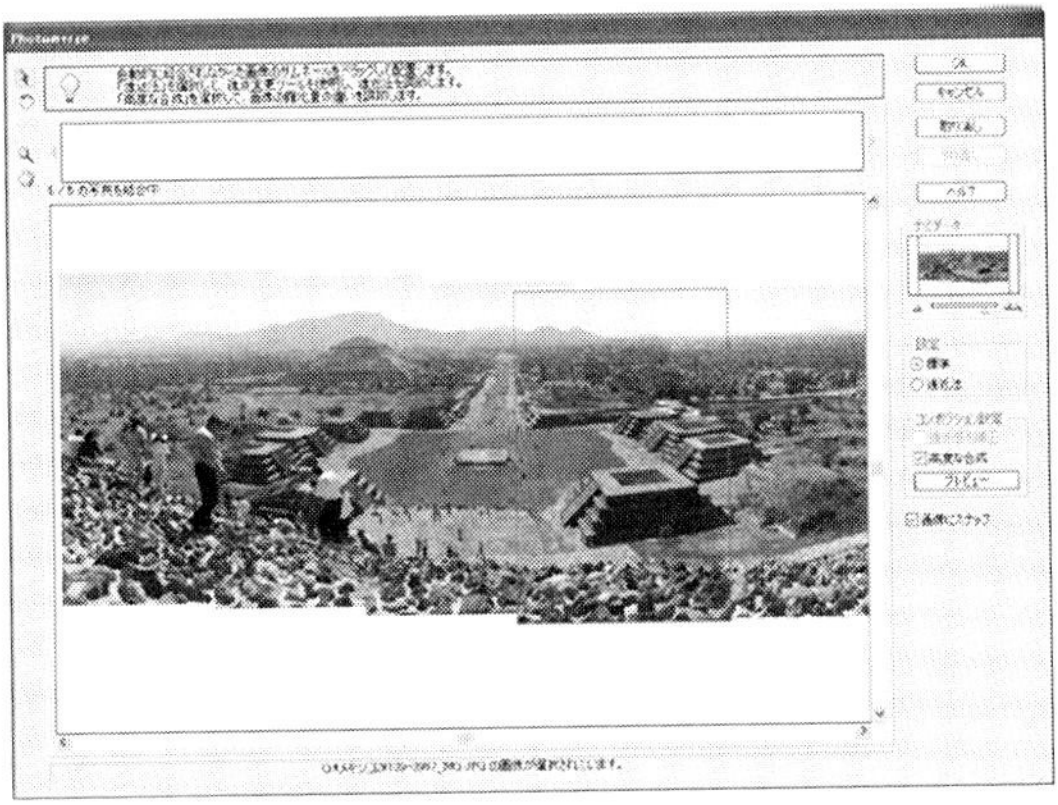

Photomergeの合成画面。この作例では右に行くにつれ、カメラが下にふれているが、問題なく合成できる

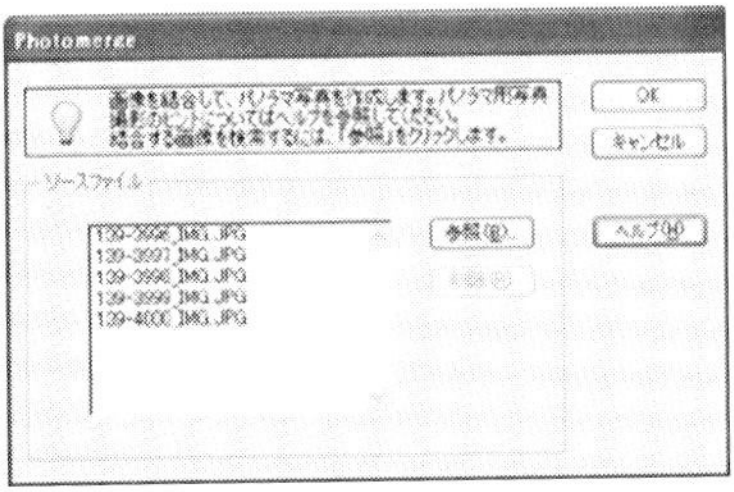

Elementsで画像を開き、どの画像で合成するかを指定する

自動で合成できない場合はエラーメッセージが出るので、手動で一枚ずつ重ねていく。合成する写真の角度が、回転してしまっている場合は、選択ツールで画像を選択し、ツールボックスで回転ツールを選択してから、画像の**エッジ近くをクリック**。**円を描くようにドラッグ**して回転させ曲がりを直した後、をクリックし画像を重ね合わせていく。

Q71 暗い写真を明るくすることができますか？

A パソコンの加工では、露出の明るくなってしまったものや、暗くなってしまったものを補正して適正露出に戻すことができるので、暗い写真を明るくすることはもちろん可能だ。

Photoshop Elements 2.0（フォトショップ エレメンツ）では、明るさを変えるには**レベル補正ツール**を使う。Elementsの上位ソフトになるPhotoshop CSなどにもこの機能はある。レベル補正は「**画質調整↓明るさ・コントラスト↓レベル補正**」で画面表示できる。ここで表示されるヒストグラムはデジタルカメラの液晶モニターで見られるものと同じで、横軸に明るさ（左側が暗く、右側が明るい）を表し、縦軸に明るさごとの画素数を積み上げたものだ。

もっとも簡単に暗い画像を明るくするには、**ヒストグラムの真ん中にある△を左にスライド**させる。逆に明るい画像を暗くしたい場合は▲を右にスライドさせる。明るい、暗いの調整だけなら、この操作を行うだけなので簡単だ。

レベル補正ツールでは、ほかにも、**コントラストの調整と明るさの調整**を同時に行うことができる。

コントラストのない画像は、ヒストグラムの山が狭くなっている場合が多い。左右方向に

補正後

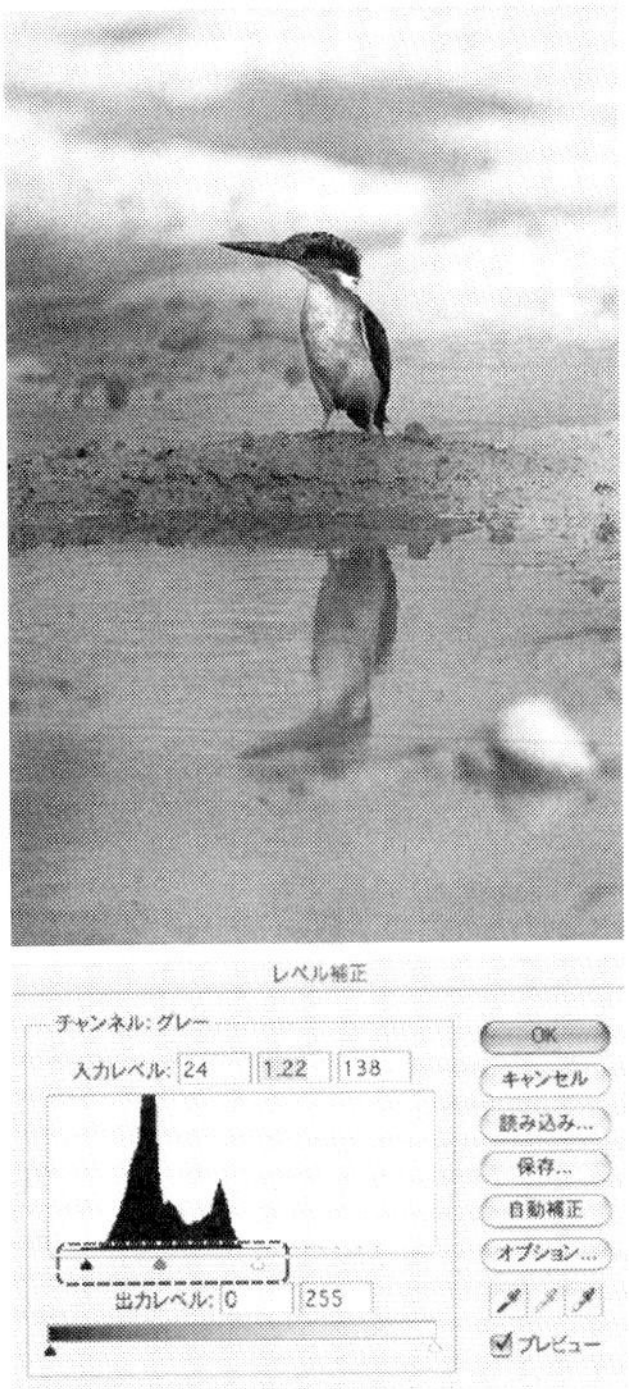

補正前

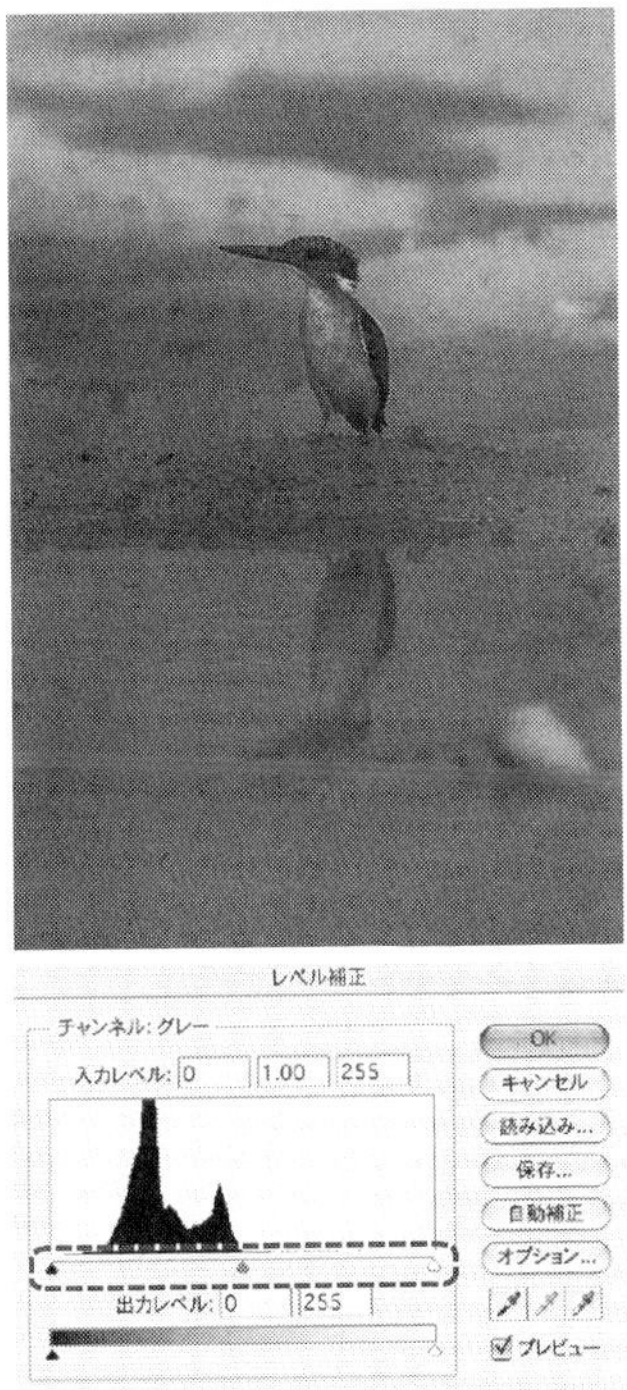

ハイライト側の△を左に138まで、シャドウ側の▲を右に24までスライドさせ、全体のトーンを調整してメリハリをつける。露出が暗かったので最後に真ん中の△を左に1.22まで移動させた

表される明暗の幅がないのだから、これを広げる。右の△を山の右端まで、左の▲を山の左端までスライドさせる。△は画像の一番明るいところ、▲は一番暗いところなので、これでメリハリが出る。その後、真ん中の△を動かし、前述のように明るさを調整する。

Q72 ピントがぼやけた写真が直りますか？

A ピンボケ写真が直るということはない。ただ、**アンシャープマスク**というフィルターをかけて被写体のエッジを立て、ピントが合ったように見せることはできる。

アンシャープマスクは、被写体の**輪郭部分に縁どりをつくる**処理で、例えば、明るいグレーと暗いグレーの境目部分の、明るいグレー側に真っ白の細い線（ホワイトエッジ）を、暗いグレー側に真っ黒の細い線（ブラックエッジ）をつくってエッジを強調する加工だ。

操作を行うにはまず、Photoshop Elements 2.0の「**フィルター→シャープ→アンシャープマスク**」でダイアログを出す。エッジの線の濃さを「**量**」で、幅を「**半径**」で、どの程度の濃淡から効果をかけるかを「**しきい値**」で決める。プレビューにチェックを入れて画像の確認をしながら加工の度合いを決めていくのだが、注意点としてはこのときの**画像の拡大率を50％、25％**などきっちりした数値にする。66・67％や33・33％などの拡大率にすると、正確な加工の度合いを画面で確認することができないからだ。

600万画素クラスのデジタルカメラの画像をインクジェットプリンターでA4サイズにプリントするなら、量は150〜200％、半径は0・7〜0・8ピクセルぐらいが目安。

補正後

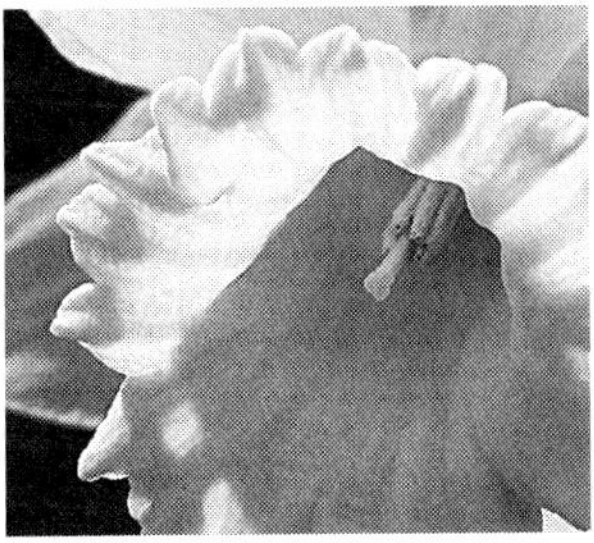

補正前

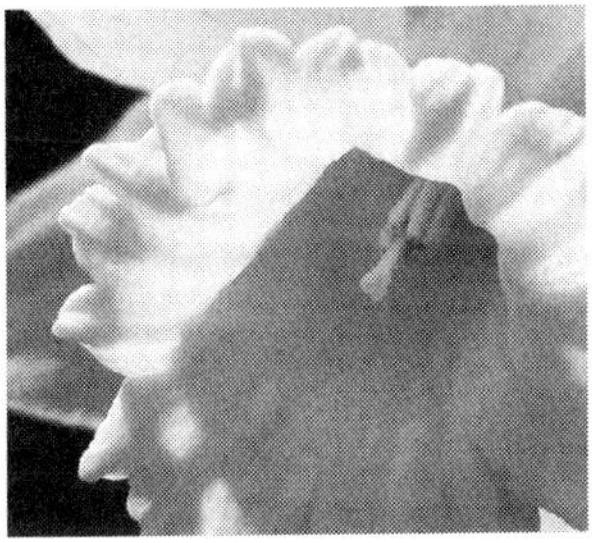

アンシャープマスクを強めると、ピントが合ったように見える

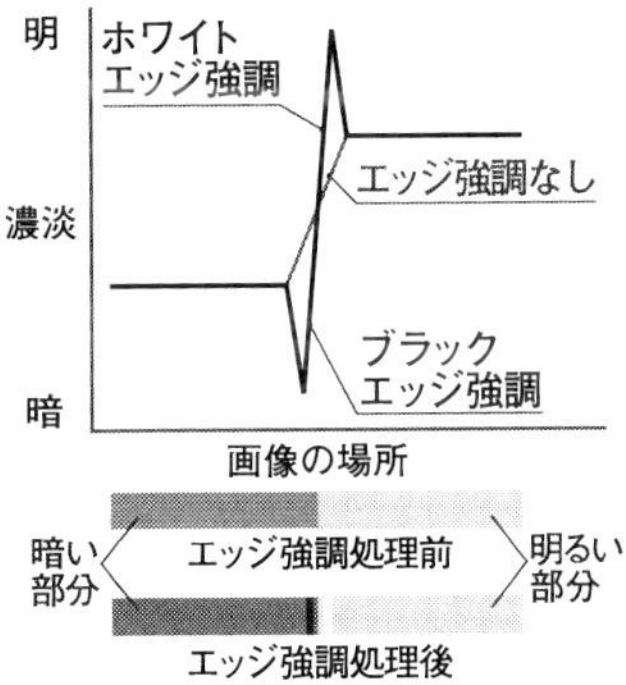

ホワイトエッジとブラックエッジで輪郭を強調する

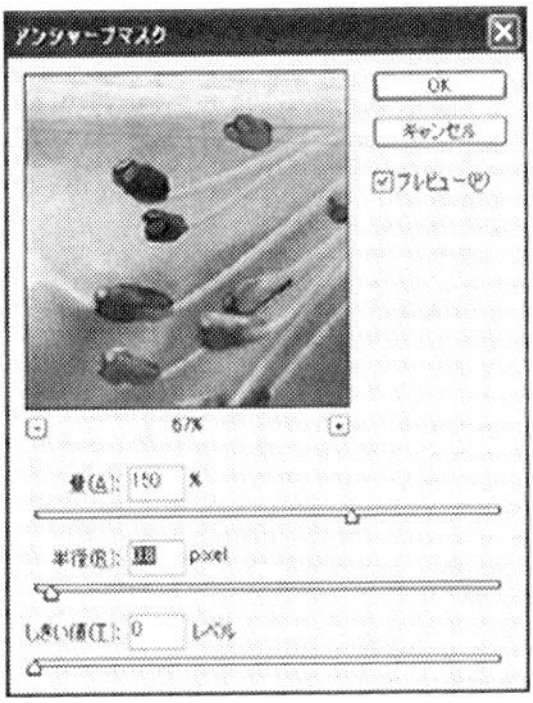

作業は画像の拡大率を50%、25%などにして行う

しきい値は基本的には0でいいが、空などのベタ面に粒子が目立つときには4ぐらいに上げてやる。ただし、しきい値を上げるとアンシャープマスクの効果が薄れるので、半径の数値を少し上げる。

また、初心者は**アンシャープマスクを強くかけすぎる傾向がある**ので、最初のうちは、よく確認しながら作業しよう。

Q73 自然の写真を美しくする方法を教えてください。

A 自然写真の分野では、**色を強調したほうがきれい**に感じる。このことを**記憶色**の強調とか、**期待色**の強調という。具体的な例をあげると、森の緑はそのまま見せられるよりも、緑がより鮮やかで彩度が上がった状態のほうが、美しく感じる。夕焼けは本物以上に赤く、さらに鮮やかなほうが美しい。また、記憶色が強調された写真だけを見せられていれば、強調されているとは感じないで、単に自然できれいな写真だと、多くの人は感じる。

Photoshop Elements（フォトショップ エレメンツ） 2.0で**色を強調する**には、「**画質調整→カラー→色相・彩度**」でダイアログを出す。ここで**彩度のスライダーを右にスライド**させれば、全体的に彩度が上がり、鮮やかになる。また、上部にある「編集」をプルダウンすると特定の色を指定することができるので、例えば、レッド系やイエロー系など、ある**特定の色相だけを選んで鮮やかにする**こともできる。

しかし、一度彩度を上げたデータを再び彩度のスライダーで戻そうとすると、色の分離が悪くなる。手を加えるだけデータが劣化するからだ。劣化させずに何度でも元に戻せるようにするには、**調整レイヤー**を使おう。調整レイヤー上で作業すれば、保存した後でも加工す

調整レイヤー

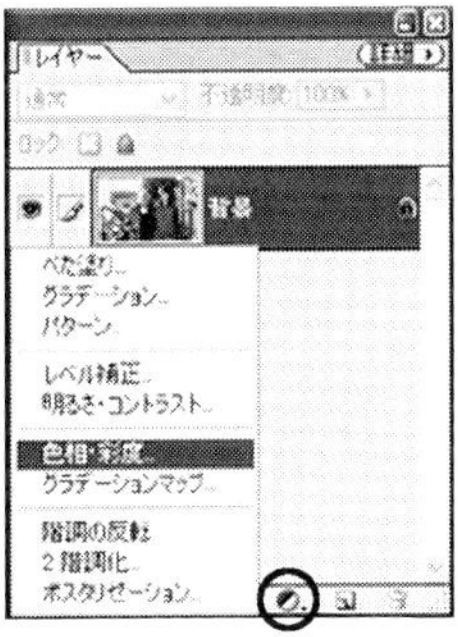

調整レイヤーボタンを押し、色相・彩度を選んでダイアログを出す

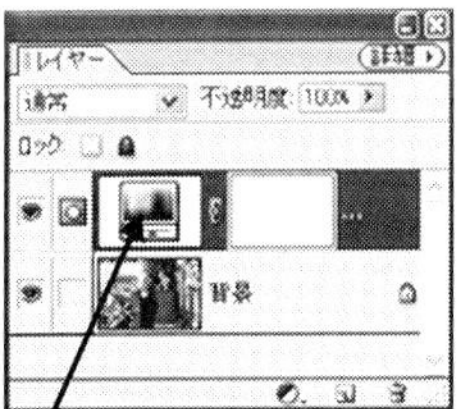

調整レイヤーのレイヤーサムネイルをダブルクリックすると、色相・彩度を加工する前まで戻せる

色相・彩度のダイアログ

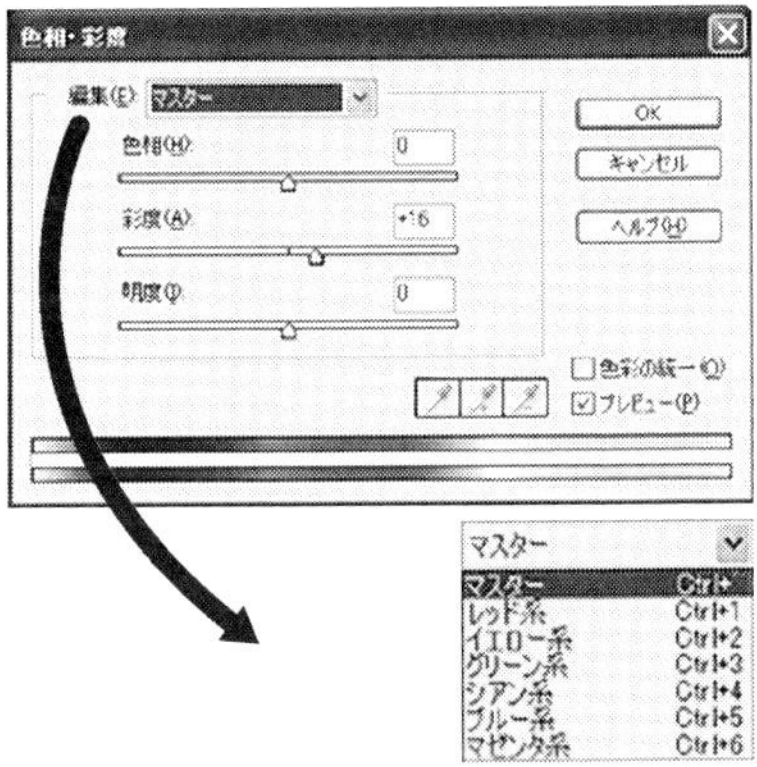

彩度を上げるにはスライダーを右にスライドさせる。色相ごとにも効果をかけられる

る前の時点に戻れる。そこで再び彩度の調整をすればいい。

モニター上で見ていたときは、ちょうどいい彩度だと思ったが、プリントしてみたら、彩度を上げすぎて、わざとらしくなってしまう場合も多々ある。彩度の加工をする際は、最初から、調整レイヤーをつくって行うほうがいいだろう。

Q74 プリントをきれいにするコツは何ですか？

A インクジェットプリンターはsRGB（エスアールジービー）の色空間のデータを出力することを前提につくられている。デジタルカメラは買ったままの状態で撮影すれば、間違いなくsRGBデータなので、何も気にすることなくプリンターにデータを送ってやればいいわけだ。しかし、154〜155ページで説明したように、カメラの設定にはsRGBとAdobe（アドビ） RGB（アールジービー）の設定がある。少し慣れてくるとAdobe RGBの広い色空間を使って、鮮やかなプリントを楽しみたくなるだろうが、**プリンターの原則はsRGB**だ。まずはsRGBでのプリント法をしっかり覚えよう。

最初の注意点は、ドライバーで**プリント用紙をしっかり選択する**こと。どのメーカーのプリンターにも用紙の種類を選択するところがかならずあるが、それは高級光沢紙と普通紙とではインクの吸収量が異なるからだ。そのため用紙によってインクの突出量を変えなくてはならない。プリンターを制御するプリンタードライバーは、ユーザーが用紙を指定することにより、その用紙に合った色域や濃度域にインクを吹いていく。だから用紙の選択はとても重要なのだ。また、ドライバーは**メーカー純正の用紙**を前提にこれらを決めているので、初心者は純正紙がいいだろう。ただ、最近はメーカーの純正紙よりも色域が広い用紙も売られている。純正紙の色の傾向がつかめるようになったら、こちらを試してみてもいい。

さて、こうしてプリントしてみたが、色が気に入らないという場合がある。これは、15ページで説明したように、最近のプリンターはsRGBの色空間よりも広い色域で出力するようになったことに起因する。つまり、画像データをsRGBとして受け取ってはいるが、そのまま出力するのではなく、広い色域を使って勝手に演算してより鮮やかなプリントに仕上げてしまう。72ページでデジカメが現実に忠実でなく色をつくっている話をしたが、それと同じことをプリンターもするからだ。

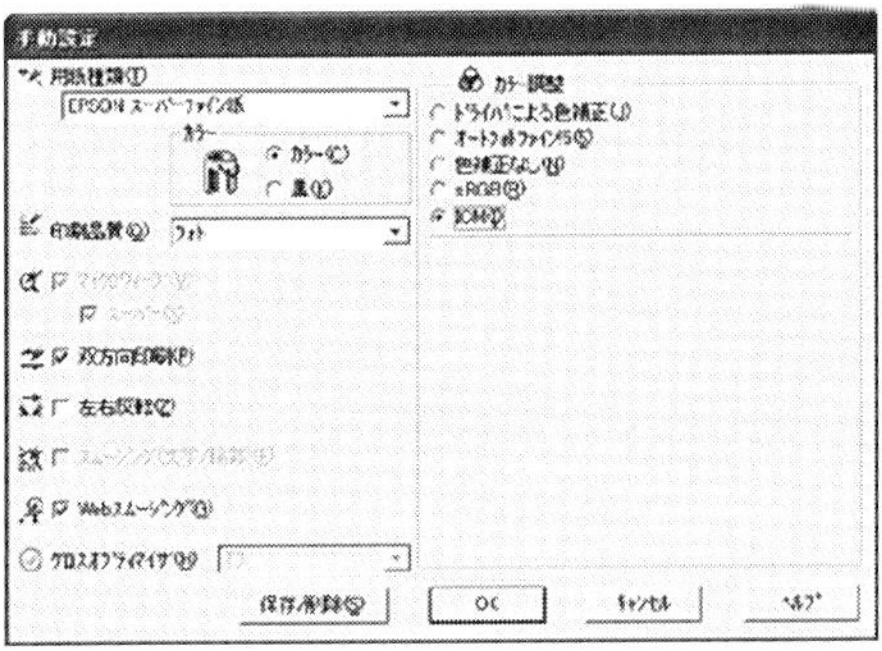

どのプリンタードライバーにも「ICM」の設定がある。Macでは「Colorsync」を選ぶ

このようなときはPhotoshop（フォトショップ）の「ファイル↓プリントプレビュー」でダイアログを出し、「その他のオプション」にチェックを入れる。ソーススペースで出力するデータのプロファイルが正しいかを確認し、「プリントカラースペース」で「**プリンター側でカラーマネジメント**」を選び「プリント」ボタンを押す。次にドライバーで「ICM」を選ぶ。まずはこれでプリントしてみよう。

Q75 顔のシワやシミはとれますか？

A Photoshop（フォトショップ）は7.0のバージョンから、**修復ブラシツール**と、**パッチツール**というツールが用意された。操作方法は違うが、内容的には同じ働きをする。それ以前のバージョンでは、顔のシワやシミ、ホクロなどをとろうとしたときは、**スタンプツール**が使われていた。これは単純に右のものを左にコピーするツールで、顔のシワをとるときは、シワがない隣の皮膚をコピーしてシワを消していた。上手にやればこれでも目立たないのだが、同じ皮膚が並ぶことになり、場合によっては違和感が出ることもあった。

しかし、修復ブラシツールは全く違うツールだ。やはりサンプルとなる場所を決めなくてはならないのだが、単純に隣の皮膚をコピーするのではなく、質感や濃度など、そのサンプルの属性情報を計算に入れながらシワなどを消していく。加工の操作を終えても、その痕跡が見えないほど跡形もなく消していき、加工した場所とそうでない場所の境がわからないのだ。

操作は簡単で、**ツールパレット**の左の列の上から4番目の**パッチツール**を選択する。修復ブラシツールになっているときは、ボタンを押しているとプルダウンメニューが出るので、パッチツールを選ぶ。上部のパレットでは「**ソース**」を選択。除去したいシワやシミ、ホク

補正前

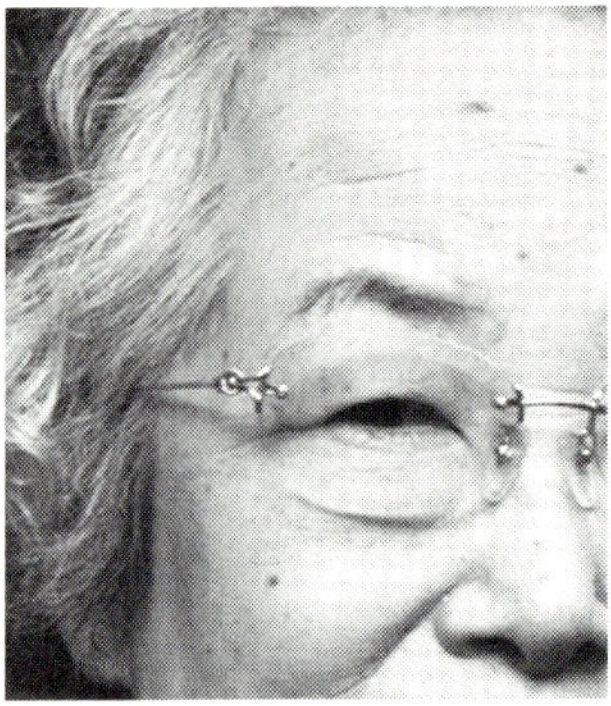

補正後

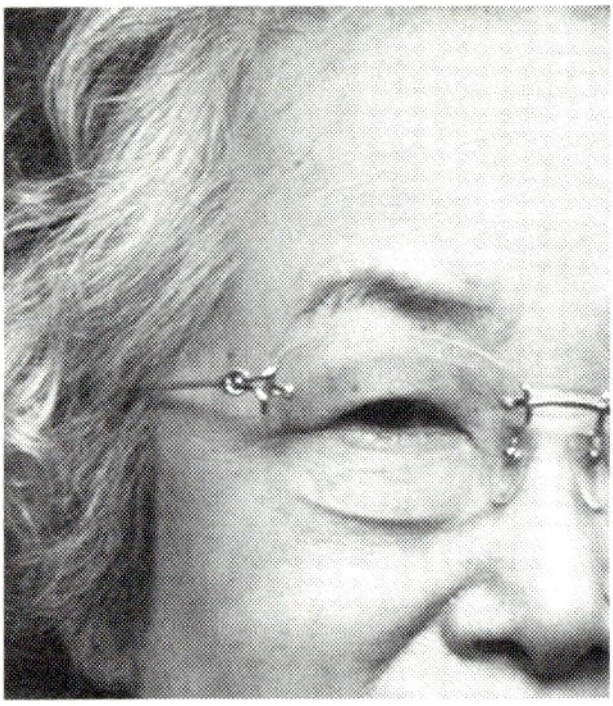

シワやシミ、ホクロは簡単にとれる。この程度の除去作業なら3分程度で終わる

ロを選択範囲として囲み、これをシワのない普通の肌のところにドラッグして離すと、シワやシミ、ホクロは消える。

ただ、ドラッグするところが肌でなく、全く質感の違う髪の毛などにドラッグしてしまうと、さすがにうまくいかない。おでこと髪の毛の境目なども雑にやるとうまくいかない。やはり、細かいところは画像を拡大して小まめにやろう。失敗したと思ったら、「**ヒストリーパレット**」で何段階も前に戻ることができるので、心配はない。

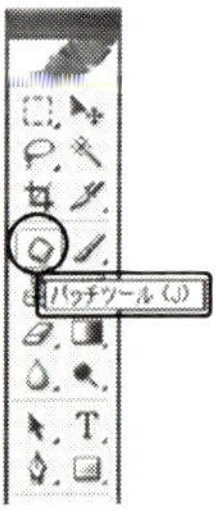

パッチツールを選ぶ。修復ブラシツールでもかまわないが、ホクロなどはこちらのほうが作業しやすいだろう

Q76 画像はCDに焼いて保存するのですか？

A 確かに、それほど撮影枚数が多くなく、1年に2〜3枚程度で済むならCD-Rがいい。**ディスクアットワンス**の方法で焼けば、後から書き込みができないので、誤ってデータを消去することがない。価格も大変安い。保存性も半永久的と考えていい。このようなメリットからデータのバックアップにはCD-Rへの書き込みがすすめられてきた。

ところが、ヘビーユーザーだと話は違ってくる。たくさん撮るから当然ファイルサイズは大きい。デジタル一眼レフカメラはますます高画素化し、上級者はRAWモードで撮影するので1日に4GBも5GBも撮影する。これをCD-Rに焼いて保存していては、大変な枚数になってしまう。保存も大変になるが、何より、後で何十枚ものCD-Rから目的の写真を探し出すのに苦労する。

ウラワザ

こういう人におすすめなのが**外付けハードディスク**だ。160GBのものでも実勢価格で2万円前後で手に入るし、ディスクが壊れるのが心配なら、2台購入して同じデータを入れておけばいい。これならCD-Rを何度も入れ替えてデータを探す手間がいらない。

データを探しやすくする**ファイル管理の専用ソフト**を使えば、もっと楽に探せる。アドビ社のPhotoshop Albumやエクステンシス社のPortfolioなどはファイル管理という意味では抜群の力を発揮する。

Photoshop Album 2.0

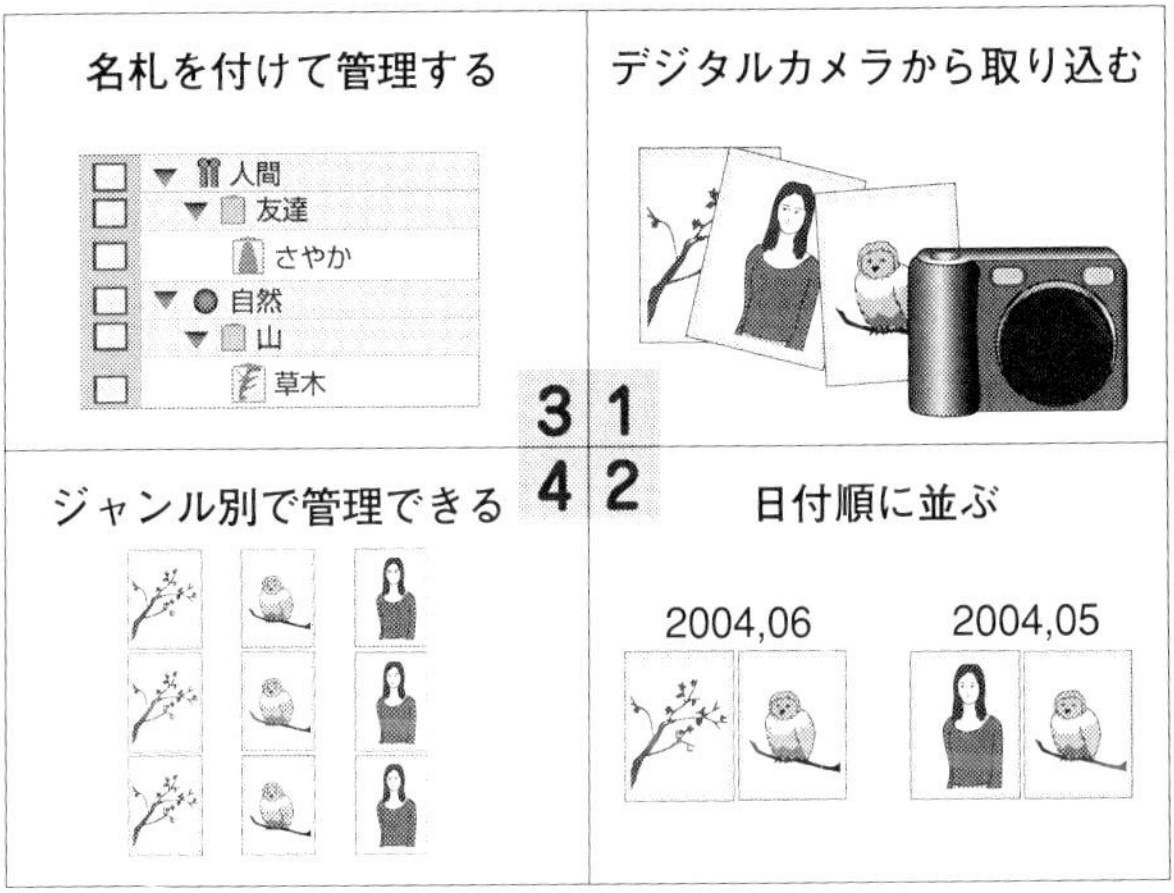

ファイル管理機能だけでなく、簡単な補正機能も持っている
http://www.adobe.co.jp/products/photoshopalbum/

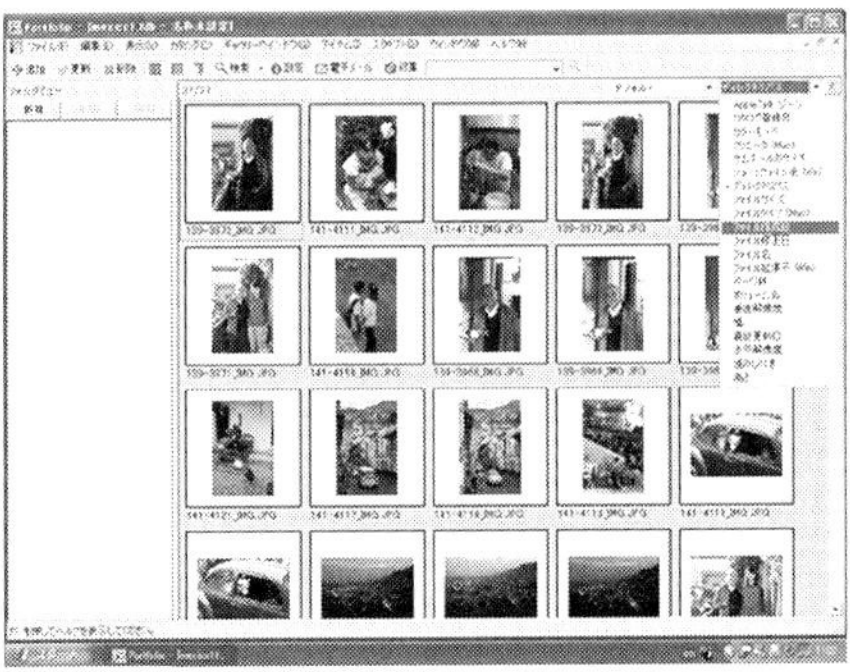

Portfolio 6Jはデータをカタログ化し、それを検索機能ですばやく検索できる
http://www.swtoo.com/product/extensis/

Q77 モニターで見ている色は正しいですか？

A 基本的にパソコンを買ったばかりの状態だと、正しく表示されていないと考えていい。最近のパソコンはＤＶＤで映画を見たりするのに、輝度を上げて明るくするのと同時に、色温度を上げて**かなり青く発色**しているものが多いようだ。表示の発色に関してはいくつもの問題がある。

まず、モニターは**モニタープロファイル**を参照して表示するのだが、この中身は**色温度**と**ガンマ値**と**色空間**だ。これらの調整をもっとも手軽にできるのがPhotoshop（フォトショップ）に入っているAdobe Gamma（アドビガンマ）というアプリケーションだ。目視での調整だが、これらの調整が可能だ。Photoshop Elements 2.0（フォトショップエレメンツ）をインストールすると、コントロールパネルに「Adobe Gamma」が表示される。このソフトを使い、単にデジカメのsRGB（エスアールジービー）データを表示させることだけを考えると、**色温度は６５００ケルビン**、**ガンマ値は２・２**に設定するのがいい。色温度は色空間のセンターを決め、ガンマ値は明るい暗いを決めている。もし、プリント結果とモニターをマッチングさせたいならば、**色温度はＤ50（約５０００ケルビン）**に合わせる。

ただし、これは目視による調整になるので、より正確に行おうと思ったら、室内灯を**高演**（こうえん）

色性蛍光灯に替えたほうがいい。理想的にはナショナルのリアルクスなどの蛍光灯がおすすめだ。価格も20Wで1000円程度と手頃である。

また、上級者なら、測色機を使ってモニターを調整したい。Adobe Gammaはあくまで調整を目視でやっている。人間の目はそれほど正確ではない。安いものでも5万円ほどの出費になるが、正確さを求めるなら必要な備品である。154ページで触れたが、画像データは数値だけで色はない。そのため、画像データを扱うときはすべての機器やソフトの色空間（プロファイル）を指定してやらないと、正確な発色をしてくれない。**測色機**はモニターのプロファイルをつくるので、これで調整すればモニター上で写真を正しい色で見ることができる。

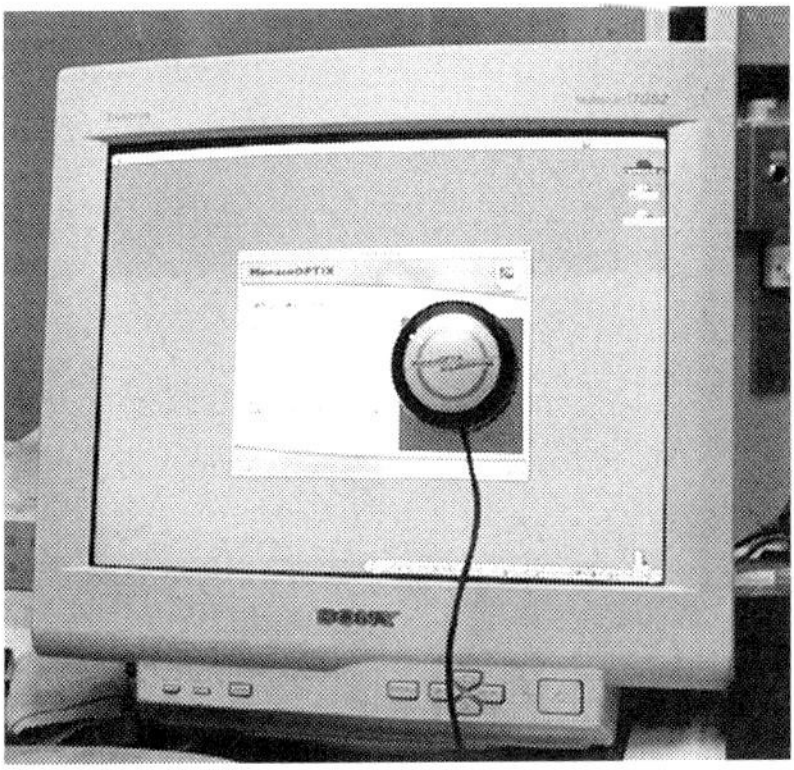

モニターの調整はできれば測色機を使って調整したい。モナコOPTIXで測色中

●問い合わせ先
松下電器産業（株）　高演色性蛍光灯
http://matsushita.co.jp/products/
→上記で「高演色性蛍光灯」で検索
モナコシステムズ（株）　モナコOPTIX（測色機）
http://www.monacosys.jp/index.html
（株）ソリューションシステムズ　Spyder（測色機）
http://www.solution-systems.com/

Q78 モニターはどのようなものがいいですか？

A 皆さんのなかにはノート型パソコンを利用している人もいると思うが、写真を正しく見るという観点からすると、残念ながらノート型パソコンのモニターはあまりよくない。

まず入射角が狭いという問題がある。ノート型のパソコンはほとんどがTN方式という液晶のシステムを使っているが、これは画面を見る角度によって明るさが変わる。これでは露出を調整して決めるなどということはできない。初期状態のままだとDVDなどを見るために、色温度は極端に高い設定になっている場合が多い。さらに単体の液晶モニターとは違い、色空間も狭い。理想的な発色数は約1670万色だが、なかには256色などというものもある。モニターにデータを送るビデオカードに廉価のものを使っているため、発色できる色数が少ないのだ。あくまで写真を見るという観点から考えると、単体のモニターを使うほうがいい。写真をやる人には**デスクトップ型パソコンのモニター**のほうがおすすめだ。

次に、液晶（LCD）かブラウン管（CRT）かだが、最近は液晶モニターのほうがおすすめである。現状ではほとんどLCDモニターよりCRTモニターのほうが色空間が広い。そのためプロの現場ではCRTというのが相場だった。しかし、最近のLCDの進歩はめざましく、色空間も標準的なＣＲＴモニターの色空間であるsRGB（エスアールジービー）に近づいている。さらに視野角も広がり１７０度ぐらいのものが多くなっている。また注目する点はパソコンとモニターの接続方法だ。最近の**ＬＣＤはパソコンとデジタルでの接続**が一般的になってきている。ＣＲＴモニターのほうはアナログで接続するものが多い。これではたった０・７ボルトの電圧を２５６の階調で割っていることになる。そのうえ、画像データをモニターに出すまでＤＡ（デジタル－アナログ）コンバーターとＡＤコンバーターで変換を２回することになる。デジタルである画像データをアナログに変換して接続し、さらにデジタルに変換してモニターに接続することになるため、写真の階調を正確にモニターに伝えることが難しいのだ。

耐用年数もＬＣＤは抜群に長い。一般的なＣＲＴが１万時間なのに対して、ＬＣＤは５万時間ぐらいのものが多い。１日８時間使っても17年間使用できることになる。ヘビーユーザーのあるプロのスタジオでは、ＣＲＴは３ヵ月に一度は測色機で調整しないと色がずれてしまっていた。しかし、ＬＣＤに替えてから３ヵ月ぐらいでは、測色機でモニターを計ってもほとんど変化がない。さらに、**消費電力も少なく経済的**と、ＬＣＤはいいことずくめだ。

デスクトップ型のパソコンに単体の液晶モニターを使い、測色機を使って正しくモニターを調整する。接続はデジタルというのがデジタル写真を見るときの理想的な条件である。

Q79 Adobe RGBっていいんですか？

A デジタル一眼レフカメラはAdobe RGBの色空間の撮影が可能だ。これは一般的なsRGBの色空間のデータに比べ、広い色域を撮影データとして保存することができるということを意味する。鮮やかさを必要とする新緑の緑や、サンゴ礁で彩られる南の島の海などは、彩度ある写真に仕上げることができたほうが表現の幅が出てくる。

彩度の高い被写体をsRGBとAdobe RGBの両方で撮影したとする。これらのデータを色域を活かして正しくプリントすると、当然Adobe RGBのデータでプリントしたほうが彩度があるのできれいに見えるはずだ。色域の広さという点を考えると、**やはりAdobe RGBで撮影したほうが表現の幅が出る**といっていい。

各デバイスから見てみると、プリンターなどは、最近のインクジェットプリンターならsRGBの色域よりも広い色域を出力することができる。プリンターのフラッグシップ機はインクの数も増え、8色ものインクを使って広い色域を出している。正しくAdobe RGBをプリントできるならばAdobe RGBのほうがいい。しかし、現状ではそのままPhotoshopからデータを送るだけでは、正しくプリントできない。プロファイルを指定する必要があるからだ。

まず、「ファイル→**プリントプレビュー**」で出るダイアログで、ソーススペースが「Adobe RGB」であることを確認する。「**プリントカラースペース**」で**各プリンターの用紙のプロファイルを選択**する。プロファイルはキヤノンのプリンターならばドライバーインストール時に自動的にインストールできるが、Windowsユーザーでエプソンプリンターだとホームページからダウンロードしなくてはならない。次に「プリント」ボタンを押して、ドライバーで用紙を選択。「**色補正なし**」を選ぶ。

モニターでは残念ながら広い色域のAdobe RGBは見ることができない。

そこで、Photoshopの「編集→カラー設定」で「**モニタ色域外のカラーを表示**（彩度を下げる）」にチェックを入れる。

Adobe RGBを出力するための
Photoshopの設定

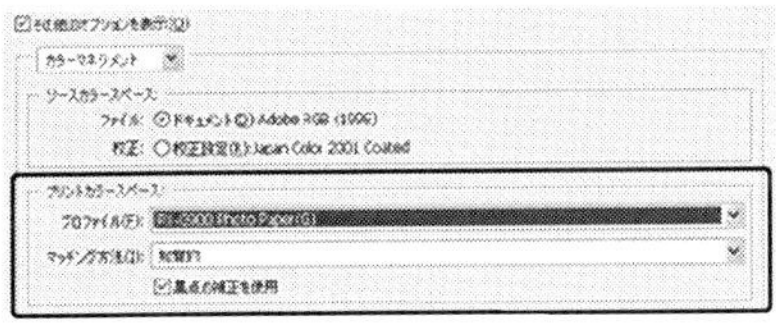

Photoshopのプリントプレビューで「プリントカラースペース」で用紙のプロファイルを選択する

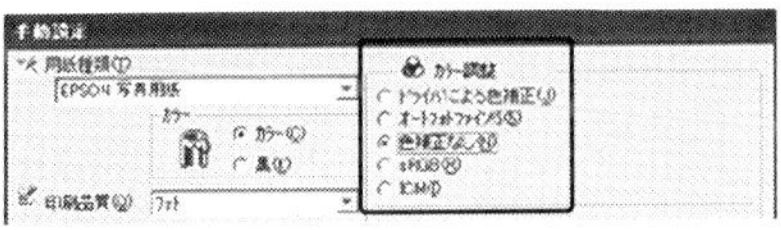

プリンタードライバーでは「色補正なし」を選択する

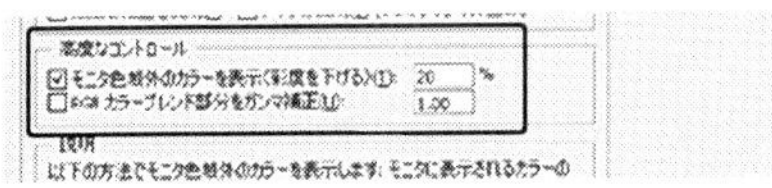

Adobe RGBのデータをモニターで確認するにはPhotoshopの「カラー設定」でここにチェックを入れる

Q80 モニターとプリンターを同じ色にできますか?

A モニターは発色しているものだし、プリントは光を受けて反射するものだ。仕組み自体が違うので、全く同じというわけにはいかない。ただし、マッチングを図ることはできる。

マッチングが図られている環境というのは、仮にデータを赤く加工すればプリントも同じように赤くなり、彩度を上げて鮮やかにする加工をすればプリントも同じように鮮やかになる、見た目では同じように見える環境をいう。通常は赤くしたデータに対して、さらにプリンタードライバーで色をつくる調整がなされてしまうので、素直にその通りには発色しない。

モニターとプリンターをマッチングさせるには、まずモニターは測色機を使って正しく測色し、モニタープロファイルをつくる。室内光源も高演色性蛍光灯で照明されていれば、モニターを見る環境としては最高だろう。

次に**プリンター**の**プロファイル**をつくる。そのためにコンシューマーの手が出るソフトとしては、Monaco EZ Color（モナコ イージー カラー）があげられる。これでターゲットを出力する。これは、いろいろな色を段階的に並べたものだ。ドライバーが勝手に色づくりをしないように、ドライバーは「**色補正なし**」の状態で出力する。出力したターゲットプリントをスキャナーで読み込み、どのようなデータとして出力されたデータかを計測する。これでデータをプリンターに送ったとき、どのようになるかがわかる。そこで、プリンターの最大色領域が使えるように、そのプリンターの状況をプロファイルという形でまとめている。

仮にデジカメのAdobe（アドビ） RGB（アールジービー）というプロファイルのデータをそのプリンターで出力すると、ここでつくられたプロファイルに変換して、プリンターのほうは「**色補正なし**」で出力すればいい。

モニターとプリンターのマッチングが図られていると、作業はじつにスムーズになる。そうでないと、うまく出力できたときはいいが、うまくいかなくなると大量の用紙のゴミをつくることになる。一歩上をいく上級者ならば、この方法をぜひ利用してほしい。

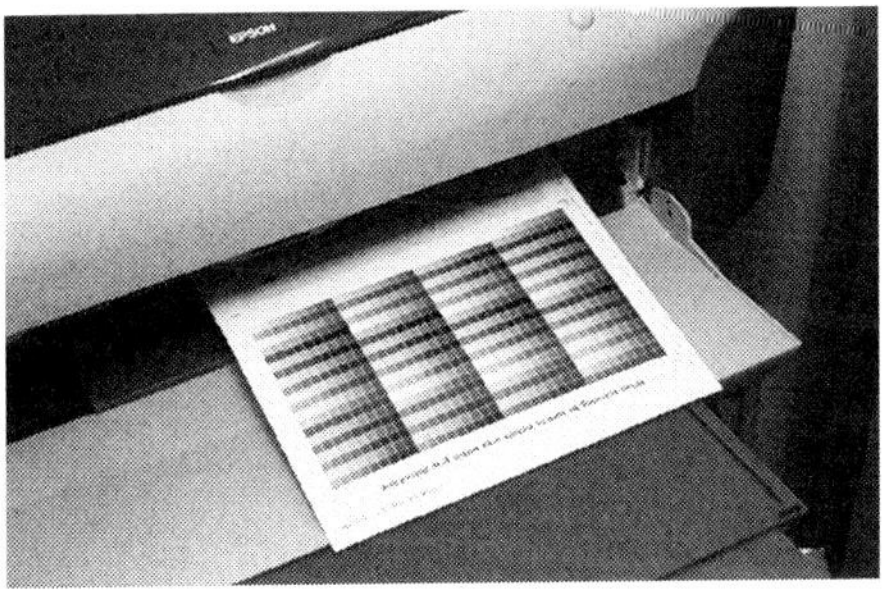

モナコのターゲットを出力しているところ。ドライバーは「色補正なし」で出力する

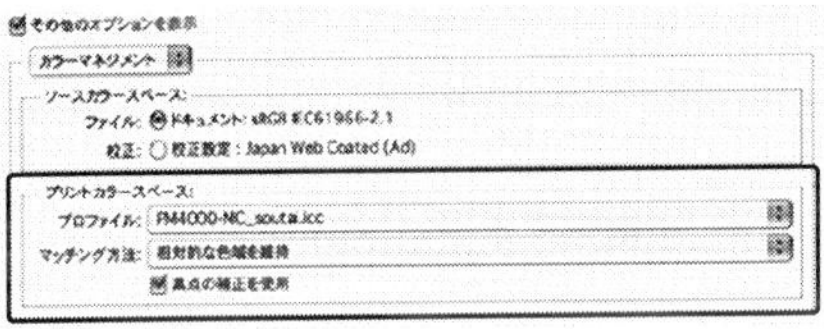

Photoshopの「ファイル→プリントプレビュー→プリントカラースペース」で、モナコでつくったプロファイルを選ぶ

あとがき

銀塩カメラのころから、写真撮影のハウツーを書いたものはたくさんあるが、こと、デジタル写真に関してとなると、少し突っ込んだプロの話は写真雑誌にもなかなか載っていない。

しかし、デジタル写真をうまく撮ろうと思うなら、デジタルならではの話は、とても重要だ。デジタルではパソコン処理やプリントの設定など知らなくてはならないことが増え、メーカーからの情報だけでは自分の思いどおりのきれいな写真は決してできないし、うまく撮れないと思ったときに、デジタルではこうしたことがあるんだという全体像がわかっていないと対応することができない。

本書は、こうしたときの糸口になってくれればと、願いを込めて書いたつもりである。ひとりでも多くの人が本書によって写真撮影がうまくなれば、それだけで本書を書いた意味があったと思える。ぜひ、私たちプロを脅かすいいデジタル写真を完成させてください。

平成16年6月

吉田(よしだ) 繁(しげる)

吉田 繁

1958年、東京都に生まれる。広告・雑誌・PR誌などの仕事のかたわら、1990年ごろから巨樹を中心に自然写真を撮り続けている。1991年より全国カレンダー展において、通産大臣賞、大蔵省印刷局局長賞、日本商工会議所会頭賞などを受賞。デジタル写真の分野でも先駆者として各種カメラ雑誌の執筆、写真教室の講師などで活躍。日本写真家協会会員。
著書には『千年の森へ』(共著・アスペクト)、『地球遺産 最後の巨樹』(共著・講談社)、『巨樹を見に行く』(共著・講談社カルチャーブックス)などがある。
http://bigtree.pobox.ne.jp
《吉田 繁のホームページ》

蟹江節子

長野県に生まれる。自然・アウトドア関係の書籍、雑誌を中心に執筆するかたわら、デジタルカメラ雑誌などでも活躍。

著書には『Yahoo! オークション ワザあり写真で儲かっちゃった』(インプレス)、『千年の森へ』(共著・アスペクト)、『四万十川がたり』(共著・山と溪谷社)、『地球遺産 最後の巨樹』(共著・講談社)などがある。

講談社+α新書 205-1 D

一眼デジカメ虎の巻
こっそり教えるプロのワザ
吉田 繁　蟹江節子

2004年6月20日第1刷発行

発行者——野間佐和子
発行所——株式会社 講談社
東京都文京区音羽2-12-21 〒112-8001
電話 出版部(03)5395-3532
販売部(03)5395-5817
業務部(03)5395-3615
デザイン——鈴木成一デザイン室
本文デザイン・イラスト 川村千秋
カバー印刷——共同印刷株式会社
印刷——慶昌堂印刷株式会社
製本——株式会社若林製本工場

落丁本・乱丁本は購入書店名を明記のうえ、小社書籍業務部あてにお送りください。

送料は小社負担にてお取り替えします。

なお、この本の内容についてのお問い合わせは生活文化局Cあてにお願いいたします。

Printed in Japan ISBN4-06-272264-X　定価はカバーに表示してあります。